글 | 얀 파울 스퀴턴

과학을 좀 더 쉽게, 어린이와 청소년 독자 눈높이에 맞춘 재기 발랄한 내용으로 주목받는 논픽션 작가입니다. 과학, 자연, 역사 분야에서 40권이 넘는 책을 냈습니다. 2008년에 『암스테르담의 아이들』, 2014년에 『진화—살아 있는 모든 것들의 수수께끼』로 네덜란드 최고의 어린이 도서 상인 황금 연필 상을 두 번이나 받았습니다.

그림 | 메디 오베렌도르프

마스트리히트 시각 예술 아카데미에서 공부하고, 마스트리히트 대학교에서 과학 일러스트레이션으로 석사 학위를 받았습니다. 우리 주변에 늘 함께 있지만 평소에는 그냥 지나치는 동물과 식물을 확대해 자신만의 스타일로 그립니다.

번역 | 정신재

한국외국어 대학교 네덜란드어과를 졸업하고 네덜란드 레이던 대학교에서 공부했습니다. 번역 에이전시 엔터스코리아에서 출판 기획 및 네덜란드어 전문 번역가로 활동하며 『지구를 망치는 기후 악당을 잡아라!』, 『이 다음에 어른이 되면』, 『아이스크림 백 개를 먹으면 어른이 될까?』, 『스피노자』, 『화수목금토일 친구를 구합니다』 등 많은 책을 우리말로 옮겼습니다.

감수 | 김산하

인도네시아 구눙할리문 국립공원에서 자바긴팔원숭이를 연구한 야생 영장류학자입니다. 생명다양성재단에서 사무국장을 맡고 있으며 청소년 환경 보전 운동을 지원하는 제인 구달 연구소의 '뿌리와 새싹' 프로그램 한국 지부장으로도 활동하고 있습니다. 『STOP!』 시리즈, 『비숲』, 『습지주의자』, 『살아있다는 건』 등을 쓰고 『나 나가 집으로 돌아온 날』, 『활생』 등을 우리말로 옮겼습니다.

© 2020, Lannoo Publishers. For the original edition.
Original title: Wonderbos. Translated from the Dutch language
www.lannoo.com
© 2022, Wonderbox For the Korean edition

이 책의 한국어판 저작권은 (주)한국저작권센터(KCC)를 통해 저작권자와 독점 계약한 원더박스에 있습니다. 저작권법에 의해 한국 내에서 보호를 받는 저작물이므로 무단 전재와 무단 복제를 금합니다.

이토록 경이로운 숲

오싹하고 축축하고 떠들썩한 생명의 세계

2022년 4월 20일 초판 1쇄 발행
2023년 7월 6일 초판 2쇄 발행

글 얀 파울 스퀴턴 · **그림** 메디 오베렌도르프
번역 정신재 · **감수** 김산하
펴낸이 류지호
편집 이기선, 김희중, 곽명진 · **디자인** 박은정
펴낸 곳 원더박스 (03169) 서울시 종로구 사직로10길 17, 301호
전화 02-720-1202 · **팩시밀리** 0303-3448-1202
출판등록 제2022-000212호(2012. 6. 27.)

ISBN 979-11-90136-66-2 (77470)

- 잘못된 책은 구입하신 서점에서 바꾸어 드립니다.
- 독자 여러분의 의견과 참여를 기다립니다. wonderbox13@naver.com
- 스마트폰으로 QR코드를 스캔하면 도서 목록으로 연결됩니다.

오싹하고 축축하고 떠들썩한 생명의 세계

이토록
경이로운
숲

얀 파울 스퀴턴 글 | 메디 오베렌도르프 그림 | 정신재 옮김 | 김산하 감수

원더박스

차례

고마워요, 숲!	6
숲은 건강해요	8
종 다양성	12
누가 숲을 만드나요?	14
혀 없이 하는 말	18
진짜는 땅속에서 일어나요	20
세상의 지배자	24
쓸모 있는 곤충들	26
초록의 기적	30
세상을 구하는 초록 기계들	32
숲속에서 살아남기	36
나뭇잎 소스를 곁들인 자작나무 껍질 샌드위치	38
자연의 원초적인 힘	42
생존의 기술	44
밤은 동물들의 것	48
비밀스러운 밤의 숲	50
치명적인 아름다움	54
겨울을 나는 방법	56
영원한 순환의 고리	60
기묘한 생명체들	62
숲에서 놀자!	66
숲에서 뭐 하고 놀지?	68
아 맞다! 할 일이 남았지	70
감수자의 말	72

고마워요, 숲!

숲속에 숨은 생물을 찾았나요?

멧돼지, 고양이, 소나무담비, 사람, 노루, 북숲쥐, 여우, 쐐기풀나비, 멧도요, 동고비, 유럽꾀꼬리, 올빼미, 아이비, 전호, 쐐기풀

앞 쪽의 그림을 가만히 들여다보면 사람들이 숲을 왜 그렇게 좋아하는지 알 수 있을 거예요. 숲은 무척 아름다워요! 그리고 상쾌하고 멋진 냄새가 나죠. 사람들은 숲에서 놀기도 하고, 운동도 하고, 탐사도 하고, 쉬기도 하고 그 외에도 많은 것을 해요. 더욱이 숲은 평화를 가져다준답니다. 앞 쪽 그림을 잠시만 들여다보세요. 자연스럽게 마음이 차분해질 거예요. 그렇죠? 숲은 평화롭고 고요한 오아시스 같아요. 그런데 과연 정말 그럴까요?

아니요! 멀리서 보면 평화로워 보일지라도, 가까이에서 들여다보면 전혀 그렇지 않다는 걸 알 수 있어요. 고요함이나 평화로움과는 거리가 멀죠. 봄이나 여름에는 더욱더 그래요. 그 안에서 온갖 일들이 벌어져요. 시시각각 자라는 나무와 덤불에는 수많은 나뭇가지와 잎사귀가 더해지고, 땅속에서는 새로 돋아난 뿌리가 길이를 알 수 없을 정도로 뻗어 가요. 마치 공장 같은 그곳에서 꽃과 동물이 만들어지죠. 숲속 여기저기에서 벌레와 새, 동물 들이 새로이 태어나요. 알에서, 번데기와 고치에서, 그리고 커다란 어미 동물의 배 속에서 수많은 동물이 쏟아져 나오죠. 숲은 새로운 동물들을 기르는 거대한 어린이집이에요.

숲속은 전쟁터

아직 이야기는 끝나지 않았어요. 모든 동물에겐 먹을 게 필요해요. 나뭇잎과 뿌리는 뜯겨 나가고, 알은 깨어지고, 작은 동물들은 잡아먹히고 말아요. 숲은 거대한 식당이 돼요. 숲속 구석구석에서 잔인한 살생이 벌어집니다. 벌레들은 마구잡이로 집어삼켜져요. 새들의 둥지는 약탈당하고, 죄 없는 쥐들은 땅에서부터 잡아 뜯기듯 들어 올려지죠. 이렇게 곳곳에서

살생과 싸움이 벌어지고, 교활함과 속임수로 가득 찬 음모가 도사리고 있어요. 독극물과 화학 무기를 이용한 공격도 있어요. 때로는 각기 다른 개미 무리 간의 전쟁도 벌어져요. 숲속의 전투예요! 숲은 평화로움과 거리가 먼 곳인 셈이죠.

숲속을 아주아주 집중해서 보아야 숲이 전쟁터임을 발견할 수 있어요. 무심코 지나치는 등산객은 알아차리기 어렵죠. 사람들은 '조용한' 숲을 즐기니까요. 그리고 우리는 덩치가 아주 커다란 나무에 눈길을 빼앗기곤 하기 때문에 많은 것을 놓치고 말죠. 그러므로 "숲을 보지 못하고 나무만 본다."라는 표현은 그리 이상한 것이 아니에요.

나무는 우리를 차분히 가라앉히고, 우리에게 많은 것을 제공해요. 신선한 공기도 내뿜어요. 나무로 아름다운 가구, 서랍장과 의자, 테이블을 만들기도 하지요. 어떤 나무들은 약재로도 쓰여요. 식용 씨앗과 견과류도 나무에서 나지요. 그리고 여러분이 이 책의 모든 것을 보도록 해 준답니다! 이 책을 만든 종이가 어디에서 나오는지 떠올려 보세요. 그림을 그리는 연필은요? 제 말이 맞죠?

그러니 음…… 고마워요, 숲!

숲은 건강해요

건강해지고 싶으면 과일과 견과류를 많이 먹어야 해요. 먹는 게 싫다면 집 주변에 과일나무나 견과류 나무를 심어도 도움이 돼요. 주변에 나무가 많으면 건강한 삶을 살 수 있거든요. 우리의 상상보다 훨씬 더 건강하게 말이죠.

나뭇잎은 공기 필터

우리가 사는 곳 어디든 공장과 자동차, 집 같은 데서 나온 건강에 나쁜 미세먼지가 많이 있어요. 미세먼지는 우리 폐와 피 속으로 들어가 건강에 나쁜 영향을 끼치죠. 나뭇잎은 이런 미세먼지를 흡수하여 공기를 정화해요. 나무가 많은 공원의 공기는 주변 도로의 공기보다 훨씬 깨끗하답니다.

친환경 에어컨

지구는 점점 더워지고 있어요. 특히 도시의 여름은 무더위가 더욱 심해져 가고 있죠. 초대형 도시들은 숲에 둘러싸인 일반적인 도시보다 기온이 평균 잡아 12도는 더 높아요. 그래서 많은 사람이 집에 에어컨을 들이죠. 하지만 에어컨은 뜨거운 공기를 바깥으로 내뿜어서 밖을 더욱더 더워지게 해요. 그렇다고 도로 전체에 에어컨을 설치하는 건 말도 안 되죠. 하지만 그럴 필요 없답니다. 다 자란 나무 한 그루는 에어컨 다섯 대를 20시간 동안 틀어 놓는 것과 같은 냉각 효과를 내거든요.

심장과 혈관에 좋아요

오랫동안 의사 선생님들은 나무가 우리 건강에 좋다고 생각했지만, 증명하기가 무척 어려웠어요. 미국에 '호리비단벌레'라는 아주 작은 초록색 딱정벌레가 나타나기 전까지는 말이죠. 호리비단벌레는 원래 미국에 살던 곤충이 아니에요. 그래서 호리비단벌레의 천적이 될 만한 동물이 없었죠. 그 결과 주변에 있던 모든 물푸레나무가 호리비단벌레에 먹혀 버리는 엄청나게 심각한 일이 벌어졌어요. 호리비단벌레는 전염병처럼 미국 동서로 넓게 퍼졌고, 벌레 떼가 지나간 자리에는 나무가 남아나지 않게 되었어요. 사라진 나무는 거의 수백~수천만 그루나 되었죠. 그런데 나무가 사라진 곳에 살던 사람들의 심장에 문제가 생기기 시작했어요. 많은 사람이 심장병을 앓았고, 그렇게 해서 과학자들의 생각이 증명되었죠. 나무가 우리의 심장과 혈관을 건강하게 해 준다는 것이 말이에요.

이 책을 보면 건강해져요

숲속에 있으면 심장 박동이 느려지고 혈압도 낮아져요. 숲속에 있을 때 우리 몸은 심장에 문제를 일으킬 만한 나쁜 물질을 덜 만듭니다. 그리고 숲은 기분도 좋게 해 줘요. 모든 점에서 우리를 더 좋게 만들어 주는 거예요. 심지어 숲 그림을 보기만 해도 도움이 많이 된답니다. 그러니까 이 책을 보는 여러분은 지금 건강해지고 있는 것이죠. 아, 감사 인사는 안 하셔도 돼요!

숲에서 하는 목욕

숲과 건강의 연관성에 관한 수많은 연구가 이루어진 일본에서는 삼림욕이 유행이에요. 삼림욕은 '숲 목욕'이라는 뜻인데, 숲에서 산책하는 거예요. 그저 걷기만 하면 돼요. 비가 오지 않는다면 몸이 젖을 일은 없어요. 하지만 삼림욕을 하면 우리 몸이 완전히 숲에 스며든답니다. 냄새를 맡고, 새소리를 듣고, 아름다운 모든 것을 눈에 담아 보세요. 그 효과는 정말 대단하죠. 삼림욕은 전 세계 어디서든 쉽게 할 수 있어요.

숲에 살고 있지 않은가요?

주변에 숲이나 공원이 없나요? 정원조차도 없어요? 그렇다면 벽 하나를 초록 오아시스로 바꿔 보세요. 아이비를 심기만 하면 돼요. 아이비는 아주아주 강인해요. 벽을 타고 최고 10미터 높이까지 자랄 수 있고, 사계절 내내 아름다운 초록색이죠. 게다가 온갖 새와 곤충을 유혹하여 끌어들여요. 그리고 더운 여름에 햇볕을 받는 벽을 시원하고 기분 좋게 유지해 준답니다.

쐐기풀 만세

많은 사람이 쐐기풀을 싫어해요. 피부에 닿으면 무척 따갑거든요. 하지만 쐐기풀은 사실 아주 훌륭한 식물이에요. 쐐기풀을 이용해 차나 수많은 약재를 만들 수 있거든요. 수프로 끓이거나, 페스토 같은 소스로 만들거나, 치즈 속에 넣어 먹으면 무척 맛있답니다. 물론 음식으로 만들면 전혀 따갑지 않아요. 맛은 시금치랑 비슷하고요. 영국의 마쉬우드라는 동네에서는 해마다 쐐기풀 먹기 대회가 열려요. 만지면 따끔한 잎사귀를 포함해 신선한 쐐기풀 전부를 다 먹어 치우죠. 많이 먹는 사람이 그 대회의 우승자가 돼요. 멋진 도전 정신이죠!

종 다양성

숲속에 숨은 생물을 찾았나요?

홍개미, 무당벌레, 꽃등에, 봄나방 애벌레, 녹색부전나비, 귀뚜라미, 벌, 박새, 올빼미, 사람, 개, 청설모, 잉글리시블루벨

잉글리시블루벨 꽃 위에 벌이 보이나요? 꽃에서 꿀과 꽃가루를 가져가네요. 그것도 공짜로요. 고맙다는 말도 없죠! 벌들은 블루벨 꽃에 달라붙은 진딧물을 없애 주는 무당벌레가 좋을 거예요. 땅속에 사는 생물들, 벌레나 곰팡이, 박테리아 등은 말할 것도 없죠. 이들이 흙을 비옥하게 해 줘서 블루벨이 환하고 아름답게 피어날 수 있거든요. 하지만 뻔뻔한 벌은 그냥 가 버리네요.

그런데 블루벨에게도 벌은 고마운 곤충이에요. 벌들이 이 꽃에서 저 꽃으로 꽃가루를 옮겨 줘서 내년에도 새로운 블루벨이 피어날 수 있거든요. 또한 무당벌레, 올빼미, 개미, 지렁이, 곰팡이와 다른 모든 숲속의 거주자들도 벌만큼이나 블루벨에게 아주 유익해요. 그래요. 이런 식으로 생각하다 보면 세상의 모든 생명은 서로에게 고마워해야 해요. 예를 들면 올빼미는 쥐의 음식이 되는 씨앗을 제공하는 나무에게 고마워해야 하죠. 흙이 건강하게 유지될 수 있도록 도와주는 지렁이가 있어서 나무들은 행복하고요. 그리고 지렁이는 자신의 적을 잡아먹는 올빼미에게 감사해야 해요. 짧게 말하자면, 모두들 서로가 서로를 필요로 해요.

멸종의 눈덩이 효과

생물 종이 다양할수록 기쁨도 커요. 나무, 식물, 동물, 곰팡이, 박테리아, 인간. 모두가 서로가 없으면 안 돼요. 나무가 없다면 우린 산소를 얻을 수 없어요. 벌레가 없으면 나무는 열매나 견과류를 맺을 수 없지요. 흙 속에 사는 미생물들이 없다면, 나무도 식물도 채소도 없어요. 온갖 종류의 균류나 허브에서 얻는 약재들은 말할 것도 없겠죠. 그러므로 종이 다양하다는 건

정말 좋은 일이에요. 과학자들은 현재 지구상에 약 900만 종의 생물이 살고 있다고 믿어요. 그중에 발견된 건 150만 종 정도지만요.

하지만 문제가 있어요. 종 다양성(어떤 지역에 생물 종이 얼마나 많이, 골고루 있는지를 뜻하는 말이에요)이 점점 더 빠르게 줄고 있거든요. 점점 더 많은 생물이 사라지고, 멸종 속도가 빨라지고 있다는 뜻이에요. 인간은 거대한 숲의 나무들을 베어 내고 그곳에 목초지를 만들어 소를 키워요. 곡물을 얻기 위해 땅을 이용하기도 해요. 수 제곱킬로미터나 되는 넓은 땅에 콩이나 옥수수, 밀 등을 재배하지요. 농사를 지을 때 사용하는 농약은 '해로운' 곤충뿐 아니라 다른 죄 없는 곤충도 죽여 버려요. 과학자들은 지구상에서 매일 100종이 넘는 생물이 사라지고 있다고 말해요.

어떠한 생물 하나가 사라진다는 것은 그 종에 기대고 살던 동물과 식물에 나쁜 소식이에요. 그런 식으로 계속해서 생물들이 사라지면 '멸종의 눈덩이 효과'가 나타나게 돼요. 눈덩이가 굴러가며 점점 커지듯 점점 더 많은 생물이 멸종하는 거예요. 돈이라면 잃더라도 다시 얻을 수 있겠지요. 하지만 한번 사라진 생물 종은 다시 돌아오지 않아요. 적어도 수천 년의 세월이 지나야 다시 종 다양성을 회복할 수 있죠. 회복한다 해도 이전에 존재하지 않았던 완전히 새로운 생물들로 이루어질 거예요. 그러므로 종 다양성을 유지하고 싶다면 숲을 보호해야 해요.

누가 숲을 만드나요?

숲을 할 일이 가득한 도시라고 생각해 볼까요? 도시라면 물건을 파는 가게 주인, 집을 만드는 공사 현장의 인부, 도로를 만들고 고치는 도로 수리공 등 다양한 사람들로 가득 차 있겠죠. 숲에 사는 모든 생물에게도 자신만의 역할과 임무가 있어요. 도시가 한 사람이 만드는 게 아니듯, 숲도 나무 한 그루나 동물 한 마리가 만드는 게 아니랍니다.

보이지 않는 숲

도시 사진 한 장만 놓고 들여다보면 그 안에서 무슨 일이 벌어지고 있는지 다 알 수 없어요. 사람들이 너무 작아서 보이지도 않죠. 숲도 마찬가지예요. 곳곳마다 수많은 곤충이 자리를 잡고 있는데, 멀리서는 다 볼 수 없어요. 그래서 진짜 무슨 일이 벌어지고 있는지 살펴보려면 가만히 앉아 무릎을 꿇고 머리를 풀숲에 맞대야 해요. 좋은 돋보기가 있으면 도움이 되겠죠. 그렇다 해도 땅속에서 벌어지는 일은 전혀 볼 수 없겠지만요.

곰팡이 청소 서비스

도시에서는 대부분의 일이 건물 안에서 벌어지죠. 숲에서도 마찬가지예요. 한번 생각해 봐요. 해마다 바닥에 떨어지는 수많은 나뭇가지와 잎사귀를 누가 다 치울까요? 귀뚜라미가 조금은 도움이 되겠죠. 하지만 이 모든 걸 다 먹어 치울 만큼 귀뚜라미 수가 많지는 않아요. 귀뚜라미 말고도 숲의 청소를 도와주는 다른 곤충들이 있지만, 사실 대부분의 청소 일은 땅속에 있는 곰팡이(균류)가 한답니다. 곰팡이는 땅속 어디에나 있어요. 하지만 땅 위로 버섯 모양의 머리를 쑥 내밀기 전까진 거기 있다는 걸 알아차리기 어렵죠. 곰팡이는 죽은 생물을 분해하여 나무와 풀이 자랄 때 쓰이는 작은 물질들로 바꿔 준답니다.

자연의 닌자들

숲속에서 벌어지는 일을 알기 위해서는 주의를 기울여 집중해야 해요. 대부분의 동물이 몸을 숨기고 있기 때문이에요. 아주 훌륭한 닌자보다도 실력이 훨씬 나아요. 봄나방 애벌레는 푸른 봄 나뭇잎과 같은 색이에요. 보는 사람이 쉽게 놓치고 말죠. 나방으로 변하고 나면 나무껍질과 같은 갈색이 되어 버리기 때문에 또다시 보이지 않아요.

숲속의 농부

숲속에서 홍개미를 발견한다면, 그 숲은 잘 돌아가고 있다는 뜻이에요. 그렇지만 개미에게 물릴 수 있으니까 조심. 개미한테 물리면 위험하진 않지만 따갑고 가려워 성가시니까요. 개미는 진딧물과 친하게 지내요. 진딧물이 만들어 내는 달콤한 물을 좋아하거든요. 어떤 진딧물은 개미의 보호를 받는답니다. 겨울이 되면 개미는 따뜻한 개미둥지 안에 진딧물을 들여서 그들을 돌봐 줘요. 마치 농부가 소를 돌보는 것처럼요.

개미 냄새가 나면 개미?

세상에는 수천 종의 무당벌레가 있어요. 수많은 무당벌레 중에 감히 개미 근처로 다가갈 수 있는 유일한 무당벌레가 있죠. 바로 홍개미무당벌레예요. 원래 개미와 무당벌레는 서로 친하지 않아요. 둘 다 진딧물이 필요하거든요. 개미는 진딧물의 단물을 먹고, 무당벌레는 진딧물을 잡아먹어요. 누군가 더 많이 먹으면 다른 누군가는 덜 먹을 수밖에 없죠. 그래서 홍개미는 무당벌레를 보기만 하면 싸움을 벌여요. 강한 홍개미는 싸움에서 쉽게 이긴답니다. 그러자 홍개미무당벌레는 뾰족한 꾀를 냈어요. 몸에서 홍개미 냄새를 내는 거예요. 개미들에겐 눈으로 보는 것보다 냄새가 더 중요하거든요. 만약 홍개미 냄새가 난다면 그게 무엇이든 홍개미라고 생각한답니다. 뭐, 적어도 홍개미한테는 그래요. 홍개미는 강할지는 몰라도 똑똑하진 않은가 봐요.

도미노 효과

어떤 생물이 숲에서 사라진다고 해서, 지금 당장 겁먹지 않아도 돼요. 홍개미무당벌레가 숲에서 사라진다면 진딧물이나 홍개미 들은 행복해하겠죠. 식물들에게는 안타까운 일이겠지만요. 하지만 어떤 생물 종이 사라지면 때로는 엄청난 결과를 불러오기도 해요. 만약 히아신스가 사라지면 꿀을 먹고 사는 벌과 꽃등에 수가 줄어요. 이는 박새들의 먹잇감이 사라진다는 뜻이에요. 그렇게 되면 박새도 수가 줄고, 박새를 잡아먹는 동물들도 영향을 받지요. 이처럼 어떤 생물이 사라지는 건, 당장에 예측할 수는 없지만 다른 생물을 어려움에 빠뜨리는 엄청난 일로 이어져요. 그러니 숲속에 다양한 생물이 살아갈 수 있도록 하는 게 좋겠죠?

나무 한 그루가 사라지면?

나무 한 그루가 사라지면 그 영향은 생각보다 엄청나게 퍼져요. 수백 종이 넘는 생물이 나무 한 그루에 기대어 살고 있거든요. 동물들만 해도 수천 마리나 되죠. 나무 위에 사는 다람쥐 같은 동물도 있고, 나무속에 사는 곤충들도 있어요. 그리고 나무는 그늘을 만들어 주어 식물들이 햇빛을 적당히 받을 수 있도록 하죠. 땅속에서는 나무뿌리와 곰팡이가 흙을 단단히 붙잡아 둡니다. 그 덕분에 세찬 비가 내려도 흙이 씻겨 내려가지 않아요. 나무가 한 그루라도 뽑히거나 쓰러져 구멍이 생기면, 나머지 나무들은 폭풍이 부는 동안 더 많은 바람을 맞아야 해요. 하지만 다행스럽게도 죽은 나무는 다른 여러 동물의 먹이가 돼요. 나무가 죽으면 다른 건강한 나무가 자랄 수 있는 공간도 생기죠.

혀 없이 하는 말

숲속에 숨은 생물을 찾았나요?
파리, 어치, 올빼미, 두꺼비, 청설모, 멧밭쥐, 정원달팽이, 오리나무 열매, 블랙베리, 꼬깔갈색눈물버섯, 그물버섯, 말뚝버섯, 광대버섯, 곰보버섯

여러분이 나무나 식물이 되었다고 생각해 볼까요? 지금 숲속에 홀로 서 있어요. 친구들은 저 멀리 떨어져 있죠. 비가 내리는 날에도, 춥거나 더운 날에도 혼자예요. 동물들이 와서 몸을 갉아 먹고, 몸통 위에 올라타 전망대 삼아 놀아요. 하지만 나무가 된 여러분은 아무것도 할 수 없죠. 근육이 없으니 동물들을 쳐 낼 수도 없어요. 눈이 없으니 볼 수도 없고, 귀가 없으니 들을 수도 없어요. 다리가 없으니 다른 곳으로 갈 수도 없죠. 심지어 뇌가 없어서 생각조차 할 수 없어요. 여기서 잠깐만! 뇌가 없으면 기분이 나빠질 일도 없어요. 그리고 사실 나무와 풀은 전혀 외롭지도 않아요. 하루 종일 서로 대화를 나누거든요. 믿기지 않겠지만 나무와 풀은 모든 주제로 완벽한 대화를 나누어요.

땅속 깊은 곳에는 거대한 네트워크가 숨어 있어요. 이 네트워크는 곰팡이에서 나온 실처럼 가느다란 균사와 식물의 뿌리가 연결되어 이루어져 있어요. 곰팡이는 뿌리 안팎에서 자라나요. 주변에 버섯이 보이지 않더라도 곰팡이는 항상 존재한답니다. 숲속에서 여러분의 발자국 아래를 엄청나게 확대해서 살펴보면 수백 킬로미터 혹은 그보다 훨씬 긴 균사 그물을 발견할 수 있을 거예요. 이 균사 그물을 통해 정보도 실어 나르고 양분도 주고받죠. 나무와 곰팡이는 서로가 서로에게 필요해요. 숲속에서 곰팡이는 죽은 식물과 동물을 분해해 아주 작은 물질로 만들어요. 이 물질이 지하수 속으로 들어가고, 나무는 뿌리로 이 물질을 흡수해 양분으로 삼죠. 그리고 나무는 곰팡이가 살아가는 데 필요한 당분을 공급합니다.

이렇게 땅 속 네트워크를 통해 나무들은 연결되어 있어요. 나무에 붙어 있는 곰팡이들을 통해서 말이죠. 하지만 이게 전부가 아니랍니다.

싸우는 나무들

나무와 식물은 곰팡이를 통해 서로 물질을 전달할 수 있어요. 예를 들어 커다란 나무는 자신에게서 나온 씨앗에서 자라난 후손 나무들에게 당분을 보낼 수 있지요. 부모가 자식에게 음식을 먹이는 것과 같아요. 죽어 가는 나무는 곰팡이를 통해 자신의 건강한 후손들에게 귀중한 물질들을 줄 수 있어요. 마치 유산 상속 같은 거예요. 양분이 되는 물질만 전달하는 건 아니에요. 말도 전할 수 있어요. 나무들은 진딧물의 습격 같은 위험이 발생하면 다른 나무들에게 조심하라고 경고의 말을 전달합니다. 게다가 나무들은 벌레로부터 자신을 보호하는 물질도 생산할 수 있어요. 하지만 모든 나무가 서로를 돕는 건 아니에요. 어떤 나무들은 서로 다투기도 하고, 심지어 전쟁을 벌이기도 해요. 예를 들면 흑호두나무는 곰팡이를 통해 땅속으로 독을 내뿜어요. 그렇게 해서 근처의 나무들이 다 죽으면, 흑호두나무 자신이 자라날 공간과 자양분을 얻는 것이죠.

땅속에는 몇 년 전만 해도 사람들이 전혀 알지 못했던 식물들의 언어로 가득한 세상이 있어요. 아마도 사람들이 아직 이해하지 못하는 식물의 언어 신호가 더 있을 거예요. 우리가 이미 밝혀낸 식물들의 경고 신호를 한번 살펴볼까요? 애벌레가 어떤 식물을 먹으면, 그 식물은 잎사귀를 통해 냄새를 내뿜어요. 주변에 있는 생물들에게 구조 요청 신호를 보내는 거예요. 이 냄새를 맡고 찾아온 맵시벌이 애벌레 몸속에 알을 낳아서 애벌레를 죽이죠. 알을 낳을 곳을 찾은 맵시벌도 좋고, 애벌레를 쫓아낸 식물도 좋을 거예요. 길게 보면 다른 식물들에도 좋을 일이죠. 이웃의 경고 신호를 감지한 다른 식물들도 같은 방식으로 애벌레를 쫓아낼 준비를 할 수 있거든요.

언젠가 우리도 식물들이 뿌리 네트워크를 통해 주고받는 신호의 뜻을 알아내고 맵시벌을 불러들이는 식물의 언어를 엿듣는 방법을 찾을 수도 있겠죠. 그날이 오면 과연 우리는 어떤 말을 듣게 될까요?

진짜는 땅속에서 일어나요

우리 눈에 보이는 숲은 진짜 숲의 절반밖에 되지 않아요. 나무와 식물의 거의 절반은 땅속에 있거든요. 버섯이라면 더욱더 그렇죠. 우리 발밑에서는 진짜로 재미있는 일들이 일어나고 있어요. 나무와 곰팡이는 서로를 도와주고, 전쟁을 벌이고, 그들만의 언어로 이야기를 주고받습니다. 남의 것을 훔치기도 하고요! 땅속에서 무슨 일이 일어나는지 자세히 들여다보면, 숲을 완전히 다른 눈으로 바라볼 수 있답니다.

곰팡이가 핀 과일과 곰팡이의 열매

버섯은 보통의 나무나 식물과는 아주 달라요. 버섯은 우리가 깜빡하고 내버려 둔 사과에 피어난 보푸라기 같은 곰팡이와 같은 진균이에요. 곰팡이의 열매라고 볼 수 있지요. 곰팡이는 어디에나 있지만, 버섯은 숲속에서 알맞은 조건이 갖추어졌을 때에만 맺힐 수 있어요. 사과 열매 속에 새로운 사과나무가 자라날 수 있는 씨앗이 있듯 버섯은 새로운 곰팡이(버섯)가 자라날 수 있는 포자를 품고 있어요. 포자는 바람에 날리거나 동물의 털과 새의 깃털에 붙어 여기저기 퍼져 나가죠. 그렇게 해서 저 멀리, 완전히 새로운 장소에서 새로운 버섯이 돋아난답니다.

곰팡이 알약

세상에 독버섯이 많다는 걸 여러분도 잘 알고 있을 거예요. 하지만 사람의 목숨을 구하는 곰팡이도 있답니다. 페니실린이라는 약은 그 속에 들어 있는 곰팡이 덕분에 병을 낫게 해요. 수많은 질병은 우리 몸속에 들어온 병원성 세균이 일으키는데, 페니실린은 세균의 세포벽을 파괴한답니다. 다행히 우리 몸은 페니실린을 견딜 수 있지요. 그렇게 해서 세균이 죽으면, 우리는 병을 이겨 내는 거예요. 불과 100년쯤 전만 해도 페니실린은 세상에 존재하지 않았어요. 그래서 새끼발가락이나 코에 난 아주 작은 상처만으로 죽는 사람도 있었죠…….

범죄자 식물들

식물과 곰팡이는 서로 거래를 한답니다. 나무와 식물은 곰팡이에게 당분을 '팔고', 자기들이 성장하는 데 필요한 영양분을 '사' 가지요. 하지만 식물의 세계에도 사기꾼이 있어요. 어떤 난초들은 곰팡이에게서 영양분을 조용히 가져가고서는 대가를 지불하지 않아요. 이런 범죄자 식물들을 어떻게 하면 좋을까요?

경호원을 둔 콩

어떤 식물들은 냄새를 이용해 대화를 나눠요. 예를 들어 흰콩 식물들은 잎응애의 공격을 받으면 냄새를 뿜어 육식 응애에게 긴급 구조 신호를 보내죠. 냄새를 맡고 찾아온 육식 응애들은 잎응애를 잡아먹고, 식물은 생명을 건져요. 하지만 어떤 냄새가 어떤 메시지를 전하는지 우리는 알 수 없어요. 식물이 엄청나게 많은 물질을 내보내지만, 정확히 어떤 물질이 어떤 메시지를 담고 있는지, 어떤 동물에게 어떻게 전해지는 건지는 아직 밝혀지지 않았어요. 에틸렌이라는 물질이 아주 중요한 역할을 한다는 것 정도만 알아냈지요. 잘 익은 과일에 코를 대 보세요. 그때 나는 달콤한 냄새가 바로 에틸렌이에요!

나무들의 자식 사랑

엄마 나무는 자식 나무들을 도와줘요. 자기에게서 나온 씨앗에서 자라난 어린나무가 근처에 있다는 걸 알게 되면, 그 나무에게 당분을 나눠 주는 거예요. 연구에 따르면 엄마 나무는 자식 나무를 정확히 알아본다고 해요. 과학자들은 어떤 나무 옆에 그 나무에서 나온 씨앗과 종이 같은 다른 나무에서 나온 씨앗을 심고 관찰했어요. 그리고 다른 나무들보다 자신의 씨앗에서 자라난 어린나무에게 더 많은 도움을 준다는 걸 알아냈죠. 때로 엄마 나무는 어린 자식 나무가 좀 더 잘 자랄 수 있도록 뿌리 사이 공간을 비워 주기도 한답니다.

빌려주셔서 고마워요

가족끼리만 서로를 돕는 건 아니에요. 자작나무와 전나무는 서로 돕고 살아요. 여름에는 자작나무가 전나무에게 당분을 나눠 주고, 겨울이 되면 전나무가 자작나무에게 당분을 돌려줍니다. 활엽수인 자작나무는 여름에는 많은 양분을 얻을 수 있지만, 겨울엔 잎이 떨어져 양분을 얻기 힘들거든요. 이와 달리 전나무는 침엽수여서 여름에는 양분을 적게 얻는 대신 겨울에도 잎이 떨어지지 않아 꾸준히 양분을 얻을 수 있어요. 나무들은 이렇게 남는 에너지를 서로 주고받으며 살아가요. 하지만 다른 나무에게 전혀 신경을 쓰지 않는 나무들도 있어요. 이런 걸 보면 그냥 인간 세상을 보는 것 같죠.

세상에서 가장 큰 생명체

오래된 나무들은 균사를 통해 수백 그루의 다른 나무들과 접촉할 수 있어요. 먼 곳에 사는 나무들과도 연결되어 있지요. 이런 방법으로 스페인 남쪽에 있는 나무가 중국 동쪽 끝에 있는 나무와도 연결될 수 있답니다. 어떤 사람들은 이렇게 연결된 모든 나무와 곰팡이, 식물을 각기 다른 생명체로 보아야 하는지, 아니면 하나의 거대한 생명체로 봐야 하는지 궁금해한답니다. 서유럽에서 동아시아까지 연결되어 있는 하나의 생명체라니! 만약 이 생명체가 지식과 의식을 가졌다고 상상해 보세요. 세상의 모든 것을 알고 있지 않을까요?

세상의 지배자

숲속에 숨은 생물을 찾았나요?
집게벌레, 왕풍뎅이, 쇠똥구리,
무늬뾰족날개나방, 무당벌레,
잎벌, 쥐며느리, 왕지네, 지렁이,
달팽이, 여우의 발자국,
청설모가 갉아 먹은 솔방울,
올빼미가 토한 구토 공,
쐐기풀, 병꽃풀

지구상에는 약 80억 명의 사람이 있어요. 사람들은 지구 곳곳에 건물을 짓고 도시를 건설하지요. 바다를 항해하고, 하늘을 날고, 깊은 해저 동굴 속으로 내려가기도 하고, 높은 산꼭대기로 올라가기도 해요. 이처럼 어디에나 살고 있고, 극한의 환경 속에서도 살아남는 인간을 지구의 지배자라고 할 수 있을까요? 아니요. 절대로 그렇지 않아요. 진정한 지구의 지배자는 다리가 여섯 개예요. 머리, 가슴, 배로 이루어진 몸을 갖고 있고 보통은 날개가 있어요. 그래요, 지구를 지배하는 건 곤충이에요. 곤충은 공룡이 살기 전부터 지구에 살았고, 앞으로도 수백만 년간 살아갈 거예요. 무슨 일이 일어나든지 말이에요.

지구에 살고 있는 사람의 수가 80억인데(8 뒤에 0이 아홉 개 있으면 80억이에요), 곤충의 수는 수백경 마리나 된대요(100경은 1 뒤에 0이 무려 열여덟 개나 있어요). 놀랍지 않나요? 거미, 달팽이, 쥐며느리, 지렁이, 지네 같은 벌레는 빼고 순수한 '곤충'의 수만 해도 그 정도예요. 인간이 아기를 낳으려면 아홉 달 넘게 걸리지만, 초파리는 한 번에 약 100개의 알을 낳을 수 있어요. 그 뒤 이틀 정도 지나면 부화하고, 태어난 초파리들은 2주만 지나면 또 100개쯤 되는 알을 낳죠. 이게 2주 후에, 또 2주 후에, 그리고 또 2주 후에 계속 반복돼요. 얼마 지나지 않아 엄청난 수의 초파리가 생기는 거예요. 진딧물은 어떻고요? 진딧물 암컷은 혼자서 새끼를 낳을 수 있어요. 수컷이 없어도 널리 퍼질 수 있는 거예요!

우리는 어디를 가나 사람들과 마주쳐요. 마찬가지로 곤충들도 어디에서나 볼 수 있죠. 수 킬로미터를 날아다니는 벌레들이나 물 위를 스케이트 타듯 떠다니는 소금쟁이, 얼음으로 뒤덮인 산꼭대기부터 집 구석구석까지, 이 세상 어디에나 곤충이 살고 있지요. 뜨거운 온천 근처에 사는 모기 애벌레부터 말의 위장 속을 집처럼 여기는 쇠파리 애벌레까지, 정말 언제 어디서든 곤충과 마주친다고 해도 전혀 이상할 게 없어요.

곤충과의 전쟁

우리가 곤충과의 전쟁을 선포했다고 상상해 볼까요. 지구상에 존재하는 모든 곤충을 다 쓸어버리겠다는 마음을 먹었다고 생각해 보는 거예요. 가느다란 핀 끝 둘레에서 원을 그리며 돌 수 있을 정도로 작은 벌부터 사람 팔보다 더 긴 대벌레까지 전부 다요. 이미 오래전부터 우리 인간은 숲의 나무를 베어 내면서 셀 수 없이 많은 생물을 사라지게 했어요. 그러니 곤충을 없애는 것은 식은 죽 먹기처럼 보이죠. 하지만 세상의 모든 곤충을 다 없애고 싶다면 훨씬 극단적인 방법이 필요해요. 다리 여섯 개 달린 이 작은 생물 전부를 없애기 위해서는 무려 수백만 톤의 독 물질을 개발해야 하죠.

아, 물론 사람에겐 해롭지 않고 곤충에게만 해로운 독이요. 이런 독 물질을 개발한 뒤에는 곤충을 죽이러 지구상의 모든 곳을 돌아다녀야 해요. 사람의 발길이 닿기 어려운 곳까지 전부 다요. 정글이나 늪, 숲속 구석구석까지도 놓치면 안 되죠. 그런데 곤충들은 독에 쉽게 적응할 거예요. 어떻게 아느냐고요? 이미 독으로 곤충을 제거하려는 경험을 해 봐서 잘 알죠. 여러 번 시도해 봤지만 항상 성과는 좋지 않았어요. 혹시라도 '슈퍼 독'을 만들어서 모든 곤충이 다 죽었다고 쳐 볼까요. 곤충이 없어진다면, 지구상의 식물 중 5분의 4는 멸종할 거예요. 식물이 꽃가루를 옮기려면 곤충이 필요하거든요. 그러면 우린 과일을 먹을 수 없게 되겠죠. 곤충을 먹고 사는 동물이나 새 들도 굶어 죽을 거예요. 이와 달리 곤충이 천적이던 동물들은 너무 번성해서 문제가 될 거예요. 파리나 쇠똥구리가 먹던 똥은 그대로 냄새를 풍기면서 썩어 갈 거예요. 흙이 점점 메말라 가고 동물과 식물이 점점 사라져 가면 결국엔 사람도 먹을거리와 약재가 부족해져서 고통받겠죠. 그러니 이 작은 생물체들 일단은 친구로 두는 게 나아요.

쓸모 있는 곤충들

곤충에 대한 평가는 썩 좋지 않아요. 사람들은 곤충이 더럽고, 무섭고, 성가신 존재라고 생각하죠. 하지만 사실 곤충은 지구를 더럽히기는커녕 깨끗하게 만들어 주고 있답니다. 더욱이 이렇게 조그마한 곤충을 무서워하는 건 말도 안 되죠. 그리고 귀찮다고요? 글쎄요. 곤충들이 버스 정거장을 지저분하게 만들길 하나요, 조용한 기차 객실에서 고래고래 소리 지르길 하나요? 낙엽 청소기를 윙윙대며 사용하지도 않고, 밤중에 시끄럽게 음악을 틀어 놓지도 않죠. 아무래도 진짜로 짜증 나는 부류는 따로 있는 것 같네요. 그럼 놀라운 곤충의 세계를 한번 들여다볼까요?

엄마 집게벌레의 넘치는 사랑

가장 먼저 집게벌레를 살펴볼까요? 집게벌레의 영어 이름은 '귀벌레(earwig)'예요. 집게벌레가 사람의 귀를 타고 들어가 두뇌 속에 알을 낳는다고 생각해서 그런 이름을 지었죠. 물론 전혀 말도 안 되는 이야기예요. 사실 집게벌레는 사랑이 넘치는 곤충이랍니다. 엄마 집게벌레는 땅속에 알을 낳으면, 알에 곰팡이가 생기지 않도록 계속해서 알을 핥아 깨끗하게 닦아요. 알이 부화하면 새끼들을 위해서 먹이를 끌고 오지요. 기진맥진해져서 그마저도 할 수 없게 되면 엄마 집게벌레는 자기 몸을 새끼들에게 먹이로 준답니다. 엄마 집게벌레의 사랑, 엄청나지 않나요?

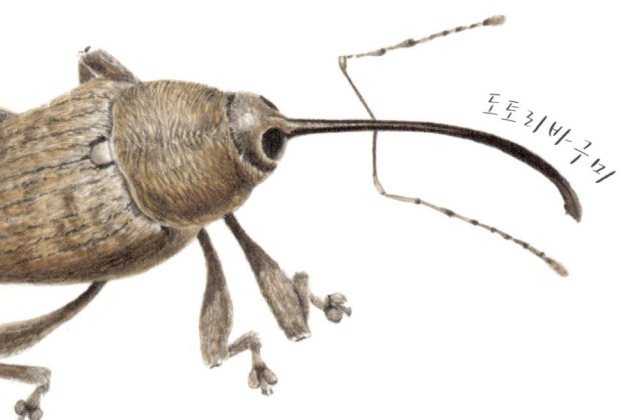

성스러운 똥 속 거주자들

다음으로 소개할 곤충은 쇠똥구리예요. 이름에서부터 더러운 느낌이 든다고요? 글쎄요. 이야기를 듣고 나면 쇠똥구리가 조금은 멋져 보일걸요? 쇠똥구리의 종류는 수천 가지나 돼요. 어떤 종은 똥 속에 살고, 어떤 종은 똥에 터널을 뚫고 살아요. 또 어떤 종은 자기보다 50배는 더 무거운 똥을 동그랗게 굴려서 안전한 장소로 옮긴 다음 한 줄로 세워 놓고 그 속에 알을 낳아요. 나침반이나 자도 없이 말이죠. 쇠똥구리에게 그런 도구는 필요 없어요. 옛날 뱃사람들처럼 별을 보고 길을 찾거든요. 정말 멋지지 않나요? 이집트 사람들은 오래전부터 이 사실을 알았어요. 그래서 이집트에선 쇠똥구리를 성스러운 곤충으로 여겼답니다.

지구상에서 가장 큰 가족?

다음으로 소개할 곤충은 왕풍뎅이예요. 이름은 풍뎅이지만 딱정벌레 종류 중 하나예요. 앞에서 살펴본 무당벌레와 조금 전 소개한 쇠똥구리도 딱정벌레의 한 종류랍니다. 딱정벌레의 종 수는 정말 많아요. 적게 잡아도 38만 종이나 되죠. 과학자들이 깊은 숲속을 샅샅이 뒤져 가면서 관찰한 것은 아니므로, 어쩌면 100만 종 넘게 있을지도 몰라요. 한국에 사는 것만 해도 표본벌레, 개나무좀, 바구미, 혹거저리, 비단벌레 등 수많은 딱정벌레를 만날 수 있어요. 물맴이, 잎벌레, 거위벌레나 호리가슴땡땡이, 사슴벌레도 딱정벌레 가족이랍니다.

세상에서 제일 유명한 곤충

종 수로 딱정벌레 가족을 넘어설 다른 생물이 있다면 아마 벌 가족일 거예요. 벌 가족은 지금까지 11만 5000종이 발견되었어요(개미도 벌 가족이랍니다). 그리고 새로운 종이 계속 발견되고 있어요. 오른쪽 그림은 '텐트레도 퀼레리'라는 잎벌이에요. 이름만 봐도 퀼러라는 과학자의 이름에서 따온 것을 알 수 있죠. 어떻게 아느냐고요? 생물에게는 두 종류의 이름이 있어요. 바로 우리가 편히 부르는 이름과, 과학자들이 부르는 '학명'이에요. 각자 쓰는 언어가 다른 과학자들이 한 종의 생물을 똑같이 부르기로 약속한 게 학명이죠. 학명이 없다면 같은 생물을 두고도 저마다 다른 이름으로 부르겠지요? 그래서 조금 어렵지만 발견된 모든 생물에 라틴어로 된 학명을 지어 준답니다. 새로운 종을 발견하면 자신의 이름을 따서 학명을 지을 수 있으니, 곤충을 연구한다는 건 아주 신나는 일이죠. 자기가 좋아하는 축구 선수나, 예술가, 혹은 만화 캐릭터의 이름을 붙여도 돼요. 세상에는 가수 비욘세의 이름을 딴 '스캅티아 비욘세아에'라는 등에도 있고, 영화 <스타워즈>에 나오는 캐릭터 츄바카의 이름을 딴 '폴레미스투스 츄바카'라는 벌도 있어요.

먹는 기계

애벌레는 확실히 우리가 생각하는 곤충의 모습과는 달라요. 다리는 여섯 개보다 많고, 몸통이 머리, 가슴, 배 세 부분으로 나뉘지도 않고, 날개도 없죠. 그렇지만 애벌레의 다음 단계인 나비는 분명히 곤충의 모습이에요. 애벌레는 아직 완성되지 않은 나비죠. 그래서 '애벌레'라고 부르는 거예요. 그렇다면 다 자란 곤충은 뭐라고 부를까요? 맞아요. '어른벌레'라고 불러요. 애벌레들은 확실히 여유로워 보여요. 먹고 먹고 또 먹기만 하니까요. 그러니 날개나 다른 기관은 필요 없겠죠. 나비뿐 아니라 개미와 파리, 딱정벌레도 애벌레로 삶을 시작해요. 어떤 곤충은 수년 동안 애벌레로 살다가 어른벌레로는 겨우 며칠만 살기도 한답니다. 일생의 대부분을 먹기만 하는 애벌레로 산다니, 부럽지 않으세요?

기어다니는 벌레들

달팽이와 쥐며느리, 지렁이도 살펴볼까요. 세상에는 곤충으로 분류되지 않는 벌레도 많이 있답니다. 물론 그 벌레들을 다 더해도 곤충이 네 배나 더 많아요. 이 작은 벌레들은 유용한 일을 많이 해요. 숲을 청소하고, 땅을 고르고, 흙을 기름지게 만들죠. 그 밖에도 뛰어난 정원사라도 다 할 수 없을 만큼 많은 일을 해요. 혹시 누군가가 여러분을 벌레라고 부르면 "칭찬해 주셔서 감사해요"라고 할 만하겠죠?

초록의 기적

> **숲속에 숨은 생물을 찾았나요?**
> 멧돼지, 늑대, 노루,
> 아메리카너구리(라쿤), 붉은사슴,
> 소나무담비, 청설모,
> 홀로수염풍뎅이, 까마귀,
> 도가머리박새, 동고비, 올빼미

나무의 무게는 얼마나 될까요? 잘 자란 나무는 1톤까지 나가요. 정말 크고 무겁죠? 나무는 어떻게 그렇게 크게 자랄 수 있을까요? 땅에서 양분을 얻어서일까요? 쉬운 실험으로 알아볼 수 있어요. 화분에 흙을 가득 담고 그 흙의 무게를 재 보세요. 그러고 나서 그 화분에 나무를 심어요. 나무가 꽤 자랄 때까지 몇 년 기다렸다가 다시 화분의 흙 무게를 재 보세요. 흙의 무게가 줄고, 나무는 무거워진 것을 확인할 수 있을 거예요. 그런데 나무와 식물은 무엇을 먹고 자랄까요? 공기가 필요하지 않을까요?

    네, 맞아요. 우리가 탁자나 야구 배트를 만들 때 사용하는 단단한 나무에는 우리가 내뿜는 공기 알갱이가 많이 들어 있어요. 정확히 말하자면 이산화탄소가 들어 있지요. 유리잔 가득 따른 콜라 속의 거품도 이산화탄소예요.

    나무와 식물이 자라는 건 정말 경이로운 일이에요. 초록색 나뭇잎에서 일어나는 기적이죠. 우리를 둘러싼 공기는 다양한 물질로 이루어져 있어요. 여러분도 산소가 무엇인지는 다들 알 거예요. 하지만 산소는 공기의 아주 작은 부분에 지나지 않는답니다. 우리가 호흡하는 공기의 성분을 100개의 알갱이로 생각해 본다면, 그중 78개는 질소, 20개는 산소, 그리고 아르곤이 한 개 정도예요. 나머지 한 개 중에서도 아주 조금만을 수증기와 탄소(이산화탄소)가 차지하고 있죠. 나무가 자라는 데 필요한 게 바로 이 탄소예요. 하지만 나무는 탄소만 있다고 해서 저절로 자라지 않아요. 우리 주변의 공기가 나무의 몸통이 되려면 광합성이 필요해요. 광합성은 엽록체 속에 든 틸라코이드에서 이루어져요. 여기서 빛 알갱이와 화학 반응의 도움으로 포도당이 만들어진답니다. 너무 복잡하게 들리나요? 깊게 파고들면 들수록 더욱 복잡하답니다!

일 더하기 일은 한 살

다행히도 이 모든 걸 여러분에게 간단하게 설명할 방법이 있어요. 나무는 땅속에서 물을 얻어요. 그리고 나뭇잎에 난 아주 작은 구멍을 통해 공기에서 이산화탄소를 얻지요. 나뭇잎에는 엽록체라는 특수한 세포 기관이 있어요. 참고로 엽록체 안에는 엽록소 알갱이가 있는데, 엽록소가 다른 빛은 흡수하고 초록빛은 반사해요. 그래서 나뭇잎이 아름다운 초록색으로 보이는 거예요. 바로 이 엽록체에서 기적이 일어나죠. 물과 이산화탄소가 햇빛의 도움으로 그곳에서 당분으로 변한답니다. 당분은 우리가 운동할 때 먹는 땅콩버터 샌드위치처럼 에너지로 사용되거나, 나무와 풀의 몸이 되죠. 그리고 이 과정을 거치는 동안 나무와 풀은 밤이 되면 산소라는 선물을 세상에 내뿜어요. 그래서 숲을 '지구의 허파'라고 부르는 거예요.

나무는 두 가지 방식으로 자라요. 첫째, 키가 커요. 나뭇가지 끝부분이 새로 자라서 길어지는 것이죠. 어린나무들은 특히 더 빠르게 키가 커요. 햇빛을 더 잘 받기 위해서예요. 하지만 가느다랗게 키만 큰다면 바람에 꺾여 버릴 거예요. 그래서 나무들은 굵어지기도 해요. 나무의 둘레가 자라는 건 나무껍질 밑에서 일어나는 일이죠. 매년 하나씩 새로운 테가 생긴답니다. 아니, 사실은 두 개의 테예요. 봄과 여름에는 물이 많아서 연한 색의 테가 생기고, 가을과 겨울에는 물이 적어서 진한 색의 테가 생겨요. 나무를 자르고 테의 수를 세어 보면 나무가 몇 살인지 알 수 있어요. 그래서 이 테를 나이테라고 불러요. 일 더하기 일은 한 살이에요. 30개의 테가 있는 나무는 열다섯 살인 거죠.

세상을 구하는 초록 기계들

영화를 보면 세상을 혼란에서 구하는 것은 항상 근육질의 남성과 여성이에요. 달리고, 점프하고, 나쁜 놈들과 맞서 싸워 모두를 구하죠. 현실 세계에서는 조용한 영웅들이 세상을 구해요. 어떠한 움직임도 없고, 어느 누구도 공격하지 않는 초록 거인들이죠. 나무들은 오늘도 세상을 아름답고 깨끗하게 지켜 준답니다.

홀로수염풍뎅이

나무줄기를 가로로 자른 모습

지구를 위한 에어컨

지구가 점점 뜨거워지고 있어요. 북극과 남극의 빙하는 녹고 있죠. 해수면이 상승하고, 날씨를 알아맞히기가 점점 어려워지고 있어요. 물론 좋은 일이 아니죠. 지구가 뜨거워지는 가장 큰 원인은 바로 이산화탄소예요. 자동차를 움직이거나 발전소를 돌리기 위해 사용되는 석유와 가스, 석탄에서 너무 많은 이산화탄소가 나오고 있어요. 이산화탄소는 지구가 우주로 내보내는 열을 붙잡아 우주로 나가지 못하게 해요. 그러니 이산화탄소를 줄여야 해요. 다행스럽게도, 우리를 도와주는 기계가 있어요. 그 기계는 스스로 자라는 데다가 완전히 공짜예요. 그리고 어마어마한 양의 이산화탄소를 산소로 바꿔 주지요. 그 기계가 무엇인지 눈치채셨나요? 바로 나무와 풀이에요. 더 많은 나무와 풀이 자랄수록 이산화탄소는 점점 줄어들어요. 그리고 나무와 풀은 보기에도 무척 좋아요. 그러니 숲이여 영원하라!

단풍나무 잎

좋은 소식과 나쁜 소식

좋은 소식과 나쁜 소식이 있어요. 좋은 소식은 몇 년 전보다 나무의 수가 늘었다는 거예요. 나쁜 소식은 많은 나무가 어릴 때 잘려 나가거나 불태워진다는 것이죠. 이로 인해 공기 속에 이산화탄소가 더 많아지고 있어요. 그 원인 중 하나인 기름야자나무를 살펴볼까요? 사람들은 기름야자나무의 기름(팜유)으로 초콜릿 크림부터 비누에 이르기까지 많은 것을 만들어요. 하지만 현재 기름야자나무가 심어진 곳은 과거에는 수많은 다른 나무와 식물, 동물 들이 살던 정글이었죠. 이제는 이 모든 게 사라지고, 수 킬로미터에 걸쳐 줄지어 심긴 기름야자나무, 기름야자나무, 또 기름야자나무뿐이에요.

초록보다 아름다운 색은?

나무와 풀은 신선한 초록빛으로 무척 아름다워 보여요. 하지만 나무가 가장 아름다운 때는 나뭇잎 색이 바뀌는 가을이 아닐까요? 가을이 되면 어떤 잎사귀는 빨간색으로, 어떤 건 노란색으로, 또 오렌지색이나 갈색으로 변하지요. 이런 다채로운 색을 내는 색소들은 사실 원래부터 잎사귀 속에 들어 있어요. 여름에는 나뭇잎 속에 초록색을 내는 엽록소 알갱이들이 많기 때문에 보이지 않았을 뿐이죠. 가을이 오면 엽록소 알갱이들이 부서져 사라지거나, 나뭇가지와 줄기로 이동합니다. 그러면 다른 색을 내는 색소 때문에 잎사귀 색이 변해요. 줄기에 저장된 엽록소는 다음 해 나뭇잎을 다시 초록색으로 물들이죠.

잊어버리기

사람뿐 아니라 동물에게도 나무는 무척 중요해요. 다람쥐에게 나무의 씨앗은 좋은 먹을거리지요. 문제는 나무의 씨앗은 가을에만 열린다는 거예요. 그래서 다람쥐들은 겨울에 먹을 음식을 땅속에 숨겨 놓아요. 하지만 때때로 씨앗을 어디에 숨겼는지 잊어버리지요. 나무에겐 좋은 소식이에요. 그렇게 땅속에 남은 씨앗에서 싹이 나거든요. 다람쥐 덕분에 나무의 씨앗은 혼자서는 닿을 수 없는 데까지 가서 자라게 돼요. 어떤 때는 나무가 자라기에 아주 안성맞춤인 장소로 가기도 한답니다.

머리 위에 난 나뭇가지

붉은사슴은 숲에서 자주 보이기 때문에, 사람들은 붉은사슴이 숲을 집처럼 편안히 여길 거라고 생각해요. 하지만 이건 반만 맞는 얘기예요. 물론 나무 사이에 붉은사슴이 서 있으면 눈에 잘 띄지 않아 안전해요. 하지만 만약 위험이 생겨 도망가야 한다면, 머리 위에 난 뿔 때문에 나뭇가지가 걸림돌이 될 거예요. 사실 붉은사슴이 좋아하는 곳은 강이나 호수 근처의 초원이에요. 풀을 충분히 먹을 수 있고, 물도 원하는 대로 마실 수 있거든요. 붉은사슴은 수줍음이 많아서 몸을 잘 드러내지 않아요. 하지만 겨울이 되면 그 모습을 선명하게 볼 수 있답니다. 나무 밑동의 껍질을 물어뜯은 모습도 볼 수 있어요.

멧돼지의 흔적

멧돼지는 낮 동안 눈에 안 띄고 싶어 해요. 하지만 그 흔적을 쉽게 찾을 수 있어요. 멧돼지는 덩이줄기나 지렁이를 찾기 위해 땅 파는 걸 좋아해요. 숲에는 무척 이로운 일이죠. 멧돼지가 파헤친 흙에서 온갖 영양분이 나와서 씨앗이 싹 틔우는 걸 도우니까요. 가시덤불에 걸린 털 뭉치나 나무에 묻은 진흙 자국도 멧돼지의 흔적이에요. 멧돼지는 진흙 목욕을 한 후 가려움을 없애려고 자기가 좋아하는 나무에다 등을 대고 긁고는 하거든요.

숲속에서 살아남기

타임머신을 타고 수천 년 전으로 여행을 떠나 볼까요? 옛날 사람들에게 인류가 로켓을 타고 달에 다녀온 이야기를 들려주면 그들은 뭐라고 할까요? 수백 미터 높이의 빌딩을 짓는다는 것과 지구 반대편에 살고 있는 사람과 대화를 나눌 수 있다는 걸 말해 주면 어떨까요? 옛날 사람들이 들으면 우리를 보고 미쳤다고 하겠죠. 오늘날과 비교해 봤을 때, 먼 옛날, 선사 시대 사람들은 할 수 있는 게 별로 없었어요. 하지만 정말 그럴까요? 그때와 비교해서 우리의 삶이 더 아름다워졌을까요? 아주 먼 옛날에 살던 우리 조상들은 자연 속에서 생존하는 능력이 있었어요. 먹을 것이나 마실 것이 없이 숲에 있게 되면 우리는 일주일도 버틸 수 없을 텐데 말이에요.

사람들은 종종 '자연으로 돌아가기'를 외치지만, 숲속에서 살고 싶어 하지는 않아요. 대개는 안락한 텐트나 카라반, 따뜻한 샤워 시설과 깨끗한 화장실이 있는 캠핑장을 선호하지요. 마트에서 음식을 잔뜩 사 가는 건 기본이고요. 숲에서 먹을거리를 얻는 방법을 하나도 모르거든요. 숙련된 부시 크래프트 도전자라 해도 숲속에서 버티기는 힘들죠(부시 크래프트란 캠핑 도구와 마트에서 산 음식 없이 자연에서 생존하는 활동이에요). 사람들은 부시 크래프트를 하더라도 방수가 되는 옷, 성능이 좋은 칼, 불붙일 때 쓰는 도구, 구급 용품 등 기본적인 물품을 챙겨 가요. 이와 달리 우리 조상들은 옷부터 밧줄, 칼, 불과 집 등 모든 걸 직접 만들어야 했어요.

숲속에서 사는 사람들

자연에서 살아남고 싶다면 낚시를 하고 사냥을 해야 해요. 하지만 토끼나 사슴을 직접 죽여야 한다면 어떨까요? 대부분의 사람들은 귀여운 동물을

숲속에 숨은 생물을 찾았나요?

청설모, 토끼, 유라시아밭쥐, 두더쥐, 개, 사람, 참매, 집참새, 까마귀, 올빼미, 쐐기풀나비

손수 잡아먹느니 가게에서 '요리만 하면 되는' 고기를 사는 걸 좋아하죠. 게다가 우리는 고기나 물고기만 먹고서는 살 수 없어요. 사람은 과일이나 채소를 통해 비타민C를 얻어야 하거든요. 그렇지만 산딸기나 블루베리 같은 걸 빼면 숲에서 과일을 얻는 건 쉽지 않아 보이네요. 아무런 풀도 자라지 못하는 겨울에는 무얼 먹어야 할까요? 생각하면 할수록 옛날에 살던 우리 조상들에 대한 존경심이 커져만 가요.

옛날 조상들이 살던 때의 숲은 오늘날의 숲과는 완전히 다르답니다. 과거의 숲과 초원에서는 지금보다 더 많은 식물이 자라고 있었어요. 우리가 먹는 콜리플라워나 양상추, 브로콜리와 완전히 같은 모습은 아니지만, 그와 비슷한 조상 풀들이 자랐어요. 온갖 이끼와 풀, 허브, 조류가 넘쳐 났죠. 지금 우리는 그것들을 음식이라고 생각하지 않지만 말이에요. 우리 조상들은 겨울이 언제 올지도 알았어요. 그래서 추운 겨울을 대비하여 미리 음식을 저장해 두었죠. 이런 일에 매우 능숙했기 때문에 겨울이 오기 전에 수확한 식량에 감사하고 축하할 여유도 있었고요.

오늘날에도 세상에는 조상들처럼 숲속에서 사는 사람들이 있어요. 온갖 종류의 먹을거리를 발견할 수 있는 따뜻한 지역의 숲이나 정글에서 주로 살지요. 그들이 우리보다 똑똑하다고 볼 수 있을까요? 이 점에 대해서는 사람마다 생각이 다르겠지만, 그 사람들이 아주 현명한 삶을 살고 있는 건 분명해요. 그들은 지구를 더럽히지 않거든요. 동물이나 식물을 멸종시키지도 않아요. 주차장이나 공항 따위를 만들기 위해 숲의 나무들을 다 잘라 버리지도 않지요. 우리가 그들에게 가르쳐 줄 게 있을 수도 있어요. 하지만 좋은 생각은 아닌 거 같아요. 지구나 숲의 눈으로 보면, 인간이란 더 많이 배울수록 더 바보 같아지고 있거든요.

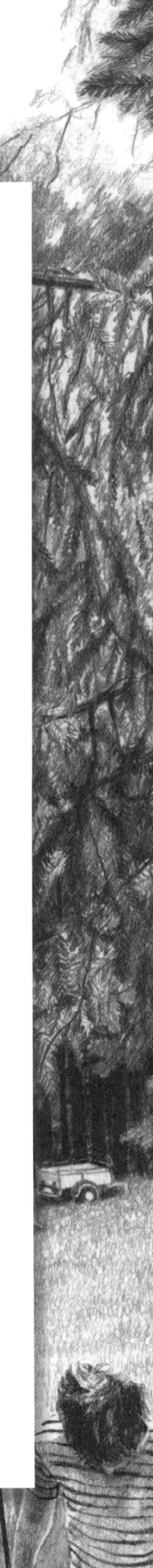

나뭇잎 소스를 곁들인 자작나무 껍질 샌드위치

만약에 무슨 일이 벌어져서 옛날 사람들처럼 살아야 한다면 어떻게 될까요? 과연 우리는 살아남을 수 있을까요? 뭘 먹어야 하고, 마실 물은 어디에서 얻을까요? 도대체 옛날 사람들은 무얼 먹고 살았던 거죠?

구석기 시대 식단

너무 기름지거나, 너무 달거나, 너무 양이 많은 현대의 식단은 건강과는 거리가 멀어요. 그래서 어떤 사람들은 우리가 원시 시대 사람들처럼 먹어야 한다고 생각해요. 고기와 물고기, 채소와 과일을 많이 먹고, 빵과 피자 같은 밀가루 음식이나 감자, 설탕은 적게 먹는 거예요. 이를 가리켜 '구석기 시대 식단'이라고 불러요. 과연 이런 식으로 먹으면 정말 건강해질까요? 글쎄요. 옛날 사람들의 평균 수명은 짧았거든요. 그때 마흔 살이면 노인이었다고 해요.

진짜 구석기 시대 식단

과연 먼 옛날 사람들은 구석기 시대 식단을 주장하는 사람들이 생각하는 것처럼 먹었을까요? 물론 고기와 물고기를 많이 먹었겠지만, 실제로는 훨씬 더 다양한 종류의 음식을 먹었을 거예요. 물고기를 낚거나 동물을 사냥하는 데는 시간이 많이 걸리지만 다른 먹을거리는 얻기 쉬우니까요. 선사 시대 사람들은 전분(탄수화물)이 가득 들어 있는 감자와 고구마 같은 구근류를 많이 먹었어요. 한 번에 많은 에너지를 섭취할 수 있고, 더욱이 이런 구근류는 잡아먹힐까 봐 도망가지 않으니까요! 그러므로 선사 시대의 식사는 어느 정도는 '구석기 시대 식단'과 유사하긴 해도 큰 틀에서는 지금 우리의 식단과 비슷했을 거예요. 물론 선사 시대 사람들은 케이크, 쿠키, 과자, 감자튀김, 피자 같은 걸 먹지는 않았어요. 진짜 구석기 시대 식단을 따르고 싶다면 포기해야 할 것이 꽤 많답니다.

원시림

사람의 발길이 닿으면 숲도 변해요. 사람의 손이 가지 않아 자연 그대로인 숲을 '원시림'이라고 한답니다. 거의 모든 곳에 사람이 살고 있는 유럽에서 수천 년 전 모습을 간직한 숲을 발견하기란 어려운 일이지요. 다행히 동유럽에 원시림이 남아 있어요. 이런 숲은 정말 소중하답니다. 원시림을 연구하면 어떤 생물이 오래전부터 그곳에 자연 상태로 살고 있는지, 과거의 숲은 어떤 모습이었는지 알 수 있어요. 그러므로 우리는 이런 원시림을 잘 보호해야 해요. 한 줄기 번개라도 쳐서 산불이라도 나면, 불을 끄기 어려울 거예요.

너도밤나무 열매

포기하느냐 살아남느냐

숲에서 길을 잃으면 어떻게 해야 할까요? 맞아요.
살아남기 위해선 먹을 걸 찾아야 해요. 식물은
대부분 먹어도 돼요. 어린 자작나무 잎이나 너도밤나무
잎처럼 봄에 나는 잎사귀는 먹어도 괜찮아요.
연한 녹색의 침엽수 끝부분도 먹을 수 있지요.
여름이 되면 나뭇잎은 더 이상 먹을 수 없지만,
식용 식물이나 과일이 있어요. 가을에는 달콤한 밤이나
너도밤나무 열매 같은 견과류를 찾을 수 있고,
겨울이 오면 나무껍질 속을 먹으면 돼요.
맛은 없지만 살아남으려면 먹어야지요. 나무와 풀은
대부분 먹어도 되는지 곧바로 알 수 있어요. 찝찝한 맛이
나면 독이 있다는 뜻이에요. 좀 찝찝한 맛이 나나요?
그렇다면 바로 뱉어 버려요!

그물버섯

물은 어디에서 구할까?

음식보다 훨씬 중요한 것은 마실 수 있는 물이에요. 우리 조상들
과는 달리 오늘날 우리는 개울물이나 계곡물을 함부로 마시면
안 돼요. 호수나 도랑의 물을 먹다가는 큰일 나지요. 그런 물에는
우리 위를 아프게 하는 세균이 살거든요. 빗물을 모아서
마시는 건 괜찮아요. 비가 내리지 않는다면 아침에 맺히는 이슬을
모아서 마실 수도 있어요. 이슬에 젖은 바닥을 수건이나 티셔츠
로 훔친 뒤, 이를 짜서 물을 모으는 거예요. 병에 걸리고 싶지
않다면 그렇게 모은 물을 끓여서 마시도록 해요. 그러기 위해선
불과 냄비가 필요하겠지만요.

민들레

개장미 열매(로즈힙)

공짜 식재료는 결코 싸지 않다

녹조류, 잡초, 이끼, 꽃, 나뭇잎…… 사람들이 보통은 먹을 생각조차
하지 않는 생물들이죠. 그런데 사실 이런 식물들은 먹어도 될 뿐
아니라 꽤 맛있답니다. 또한 동전 한 푼 들이지 않고 손쉽게
얻을 수 있지요. 하지만 이런 식물을 먹으려면 식물에 대한
지식이 풍부해야 하고, 올바른 가공 방법도 알아야 해요. 그래서
이런 식용 식물들은 일반 식당에서 다루지 않아요. 최고급 레스토랑
에서 일류 요리사의 요리로 만날 수 있지요. 돈은 좀 들지 몰라도
공짜 식재료를 맛있게 먹을 수 있는 방법이에요.

자연의 원초적인 힘

숲속에 숨은 생물을 찾았나요?

황제잠자리, 잠자리 애벌레, 라임혹응애, 홍줄노린재, 브라운송어, 대륙검은지빠귀, 올빼미, 두꺼비, 불도롱뇽, 참개구리, 풀뱀, 아까시나무

그림의 장점은 우리가 바라는 대로 모든 것을 그려 낼 수 있다는 거예요. 앞 장의 그림 속에 얼마나 많은 동물이 담겨 있는지 보았나요? 만약 이 동물들이 한 장에 담긴 사진을 찍고 싶다면 아주 오랫동안 기다려야 하겠죠. 아무리 기다려도 찍지 못할 수도 있고요. 아무튼, 숲은 수많은 생명체로 가득한 곳이에요. 무언가가 자라고, 걷고, 수영할 만한 곳이라면 결국 무엇인가 나타나서 그곳에서 자라고, 걷고, 수영하고 있을 거예요. 도시에서도 이런 모습을 발견할 수 있어요. 보도블록 틈새에 난 잡초부터 부엌 찬장 속 개미들, 쓰레기통을 뒤적이며 먹이를 찾아 밤거리를 돌아다니는 여우까지, 생명체가 하나도 없는 곳을 찾기란 불가능하죠.

물론 자연의 원초적인 힘은 주로 숲에서 마주할 수 있어요. 숲속의 나무를 몽땅 베어 내면 어떻게 될까요? 몇 년만 기다리면 모든 것이 다시 자라고, 생명체로 가득해질 거예요. 자연은 매우 강하답니다. 정말 다행스러운 일이에요. 최근 커다란 산불이 자주 나고 있거든요. 기후 변화 때문에 가문 날이 이어지고, 나무들은 불에 타기 쉬운 상태가 되었어요. 번개가 한 번 번쩍이거나 누군가 잘못 버린 담배꽁초가 커다란 산불로 번지기 쉬워진 거예요. 호주에서는 한국 전체 넓이만큼의 자연 지역이 불타기도 했어요. 수백만 마리의 동물이 살던 곳이죠.

그렇게 큰 산불이 난 숲이 완전히 회복하려면 적어도 50년이 걸려요. 다행히 큰불이 휩쓸고 간 숲도 항상 완전히 회복한답니다. 불이 꺼지고 머지않아 새로운 생명이 돌아오죠. 불이 난 지 한 달쯤 지나면 새로운 첫 번째 식물이 자라나고, 1년쯤 지나면 다시 초록색으로 물들고 새로운 동물들로 가득해져요. 10년 정도 지나면 나무들이 많이 자라날 거예요. 20년쯤 뒤엔 아주 자세히 들여다봐야 불이 난 흔적을 찾을 수 있을 정도가 되겠

죠. 그래도 오래된 나무의 굵은 줄기가 그립긴 하겠죠.

꼭 나쁘지만은 않아

산불의 장점은 불이 난 뒤 그곳의 흙이 비옥해진다는 거예요. 그 덕분에 모든 것이 빠르게 회복하죠. 풀이 흙을 너무 뒤덮는 바람에 이끼나 버섯이 자라지 못할 때도 있는데, 불이 잡초 제거제와 같은 역할을 해서 흙이 더 조화롭게 건강해져요. 그래서 가끔은 산불이 나도 일부러 끄지 않고 내버려 둘 때도 있어요. 불이 꺼지면, 온갖 씨앗과 꽃가루와 포자 들이 사방에서 날아와 그 자리를 차지해요. 새로운 종에겐 기회가 되는 것이지요. 그렇게 해서 이전에 없던 흥미로운 식물이 자랄 수도 있어요. 번식을 하는 데 산불이 필요한 나무도 있어요. 단단한 껍질에 싸인 거삼나무의 씨앗은 불에 타서 껍질이 열려야 세상 밖으로 나올 수 있답니다.

    나무와 식물뿐 아니라 동물들도 왕성한 회복력을 보여 줍니다. 예를 들어 물고기 한 마리 없는 호수에 송어가 나타난다면, 얼마 지나지 않아 그 수가 늘 거예요. 오리 한 마리가 발에 송어알을 가득 붙이고 이리저리 호수를 돌아다니기만 해도 금방 물고기로 그득해진답니다. 송어뿐만 아니라 개구리, 두꺼비, 도롱뇽의 알도 그런 식으로 퍼져 나가요. 다리나 날개가 있는 동물이라면 새로운 곳을 정복하기 더욱 쉽지요. 만약 어떤 땅에 먹을거리가 충분하고 천적이 적다면 그곳은 살기 알맞은 땅이라는 말이에요. 어떤 동물이 그곳에 가서 살게 되면, 그 동물은 또 다른 동물들을 불러들이는 미끼가 됩니다. 그런 식으로 순식간에 숲은 완전히 새로운 동물들로 북적거려요. "생명이 있는 한 그곳에는 희망이 있다"라는 격언이 있지요. 숲에는 항상 생명이 있으므로 희망 또한 가득합니다.

생존의 기술

동물들은 수억 년 동안 지구에서 살아왔어요. 그 수억 년 동안 모든 동물은 먹거나 먹히며 살아왔죠. 물론 어떤 동물이든 먹기를 바라지 먹히길 바라진 않을 거예요. 그래서 동물들은 다른 동물의 먹이가 되지 않기 위해 저마다 다양한 방법을 터득했어요. 자기 자신은 먹히더라도 자신의 종이 살아남을 수 있도록 노력했답니다.

가족을 위해!

풀뱀이 나타나면, 근처의 개구리나 두꺼비는 비상에 걸릴 거예요. 하지만 자연이란 원래 그런 법이에요. 동물 한 마리가 살아남는 것보단 그 동물의 종이 살아남는 게 더 중요하죠. 위험에 빠진 개구리나 두꺼비가 죽더라도, 이미 낳아 놓은 알들이 살아남아 세상의 빛을 보게 될 거예요. 아니면 두꺼비나 개구리의 형제나 사촌이 살아남아서 새로운 후손을 번식시킬 수도 있지요. 그래서 어떤 벌레나 개미 들은 둥지가 공격을 당하면 자신의 목숨을 희생해 가족을 지킨답니다.

다수의 힘

송어의 문제점은 알을 낳는다는 거예요. 알은 잡아먹히기 무척 쉽거든요. 만약에 어떤 동물이 그 알을 먹고 싶어 한다면 당해 낼 방법이 없어요. 그래서 송어는 깊숙한 구덩이 속에 알을 낳아요. 덕분에 수많은 송어의 새끼들이 세상의 빛을 보게 되죠. 하지만 문제가 또 있어요. 새끼들은 무척 작아서 자기 몸을 지킬 수 없거든요. 한입에 삼켜지기 딱 좋은 크기죠. 그러니 새끼를 조금이라도 남기고 싶다면 딱 한 가지 방법밖에 없어요. 바로 알을 수백 개, 수천 개 낳아서 그중 얼마라도 살아남게 하는 것이지요.

먹잇감에서 포식자로

잠자리도 송어와 비슷한 문제를 겪어요. 알이나 애벌레일 때의 잠자리는 수많은 물고기, 양서류, 다른 곤충 들의 좋은 먹잇감이죠. 심지어 이때가 잠자리의 생애에서 가장 위험한 시절이라고 할 수도 없어요. 잠자리 애벌레는 어느 정도 자라면 물 밖으로 나와서 어른 잠자리가 되는데, 이를 '우화'라고 해요. 우화 직후의 잠자리는 어디로 가야 할지도 모르고, 몸은 아직 젖어 있어서 걷거나 날 수도 없어요. 적어도 몇 시간 동안은 잡아먹히기 쉬운, 먹잇감 그 자체예요. 완전히 몸을 말리고 기운을 차리기 전까지는 전혀 안전하지 않아요. 하지만 다 자란 잠자리는 무시무시한 사냥꾼이 된답니다. 많은 곤충이 잠자리를 두려워해요.

감히 날 먹을 생각을 하다니!

그 누구도 건드릴 마음이 들지 않도록 할 수도 있어요. 홍줄노린재는 고약한 냄새를 풍겨서 아무도 자기를 잡아먹을 생각을 하지 않도록 하죠. 강렬한 검은색과 빨간색 줄무늬 잠옷을 입은 듯한 홍줄노린재의 모습은 마치 적들에게 '조심해' 하고 경고를 보내는 거 같아요. 자연에서 이런 선명한 색은 독을 가지고 있거나 지독한 냄새가 나거나 굉장히 더러운 생물이라는 신호거든요. 사실은 잡아먹어도 될 만큼 안전하지만, 밝은색 옷을 입고 위장한 똑똑이들일지도 모르죠!

최악의 적

살아남기 위해서는 잡아먹히지 않는 것도 중요하지만, 일단 잘 먹어야 하죠. 그러므로 여우의 가장 큰 적은…… 바로 여우들이에요. 같은 지역에 살면서 같은 먹잇감을 찾으니까요. 하지만 자연은 영리합니다. 만약 어떤 지역에 여우가 너무 많으면, 그 곳에 사는 암컷 여우들은 새끼를 덜 낳아요. 그렇게 해서 자신의 어린 새끼들이 살아남을 확률을 높이죠.

새로운 동네로 이사 왔어요

옆에 그려진 아까시나무처럼, 자신이 원래 살지 않던 곳에 가서도 잘 살아남는 종이 있어요. 아까시나무는 토종이 아니지만 우리나라에서도 무척 잘 자라죠. 어떤 외래종은 원래 살던 지역보다 천적이 적은 다른 나라에서 더 잘 자라기도 해요. 여러분도 황소개구리나 배스 같은 외래종에 대해 들어 본 적이 있을 거예요. 숲에 가면 은밀히 살고 있는 외래종도 만날 수 있어요. 대왕진드기나 흰줄숲모기 같은 종들이에요. 이미 토종 진드기와 모기로도 충분한데 말이죠…….

밤은 동물들의 것

숲속에 숨은 생물을 찾았나요?
오소리, 북숲쥐, 숲멧토끼, 노루,
사람, 소나무담비, 박쥐,
고슴도치, 청설모, 두꺼비,
알락딱새, 올빼미

무서운 이야기의 배경은 항상 밤이에요. 또 사건은 대부분 숲속에서 벌어지죠. 놀랄 일은 아니에요. 많은 사람이 '어두운 밤의 숲 공포증'을 가지고 있거든요. 사람들이 어두운 숲에 공포를 느끼는 이유는 크게 두 가지예요. 첫째로, 사람의 눈은 밤에 무언가를 보는 데 알맞지 않아요. 그래서 주변에 뭐가 있는지, 무슨 일이 벌어지는지 선명하게 볼 수 없는 밤에는 불편함을 느끼죠. 다음으로, 밤에 숲속을 걸으면 아주 작은 소리까지도 선명하게 들을 수 있어요. 긁는 소리, 흥얼거리는 소리, 지저귀는 소리 등 사실은 별것 아닌 소리들이 꽤 무섭게 들려오죠. 귀신이 내는 소리일까요? 아니요. 사슴이나 여우, 곰이 내는 소리일 거예요. 동물들은 낮보다는 밤에 더 많이 대화하거든요.

　밤중에 숲길을 걸어 볼 생각이라면 숲 전문가와 가는 게 좋아요. 그러면 확실히 다를 거예요. 밤에는 밝은 대낮과 달리 야생 동물을 보기 어려워요. 그래도 어딘가 자리를 정해 조용히 앉아 있으면 온갖 동물이 살며시 곁을 지나갈지도 몰라요. 밤은 동물들의 것이에요. 동물들의 감각은 밤에 완전히 맞춰져 있죠. 도망가거나 사냥을 할 때 사람은 주로 눈을 써서 사냥감을 찾고 위험을 감지하지만 동물들은 다른 감각들도 잘 이용해요. 인간보다 더 발달한 코를 가지고 있어서 냄새로 위험을 알아내고 맛있는 간식거리를 찾을 수도 있어요. 동물의 귀는 사람의 귀보다 더 예민해서, 나뭇가지나 잎사귀, 나무줄기에 가려져 안 보이는 것들도 소리로 알 수 있어요. 또 낮에는 사람의 눈이 더 좋을 때가 있을지 몰라도, 밤에는 우리보다 동물들이 더 잘 본답니다.

이 모든 게 공룡의 탓

대부분 포유류는 야행성이에요. 최초의 포유류가 지구에 발을 디뎠을 때부터 그랬어요. 그건 바로 공룡 때문이에요. 티라노사우루스 렉스, 벨로키랍토르나 트리케라톱스는 냉혈 동물이어서 몸을 따뜻하게 덥혀 줄 햇빛이 있어야 했어요. 수천만 년 전 포유류는 거대한 공룡들과 함께 살았는데, 그때는 아직 호랑이나 코끼리, 사람 같은 모습이 아니었어요. 우리의 아주아주 먼 과거의 조상은 오늘날 포유류의 평균 크기보다 훨씬 작았어요. 그래서 공룡이 잠든 밤에만 밖으로 돌아다닐 수 있었지요. 공룡이 멸종한 뒤에야 다람쥐나 원숭이처럼 낮에 활동하기 좋아하는 포유류들이 나타났어요.

오늘날 대부분의 동물은 완전히 어둑해질 때까지 기다리지는 않아요. 그러니 낮 동안에도 야생 동물을 만날 수 있지요. 그렇지만 오소리나 고슴도치는 원래 낮에 잠을 자므로, 만약 낮에 이들을 마주친다면 무슨 문제가 있다는 뜻이에요. 다행히도 이런 일은 자주 벌어지진 않아요. 혹시 다양한 야생 동물을 보고 싶은데 '어두운 밤의 숲 공포증'에 시달리고 있나요? 그렇다면 해 질 무렵에 숲에 가는 방법도 있어요. 환히 밝은 대낮보다는 더 많은 동물을 볼 수 있을 거예요. '어두운 밤의 숲 공포증'도 훨씬 덜할 테고요. 또 우리 인간들이 낮에는 야생 동물을 너무 많이 방해하고 있는 거 같으니 밤에는 좀 내버려 두는 것도 좋을 것 같아요.

비밀스러운 밤의 숲

우리가 자는 동안 숲에서 무슨 일이 벌어질까 궁금하지 않나요? 밤에는 낮과는 아주 다른 일들이 벌어진답니다. 밤은 숲의 비밀을 간직하고 있어요!

잘 자요, 나무

사람도, 개도, 소도, 새도(몇몇 새는 하늘을 날면서 자요), 돌고래도(돌고래는 양쪽 뇌가 한쪽씩 잠들어요), 물고기도, 동물은 거의 다 잠을 자요. 꽃들도 어두워지면 봉오리를 오므리고요. 나무는 어떨까요? 나무도 휴식이 필요할까요? 아마도 그런 것 같아요. 과학자들이 살펴봤더니 밤에는 나뭇가지가 밑으로 좀 더 처졌다고 해요. 키가 5미터 정도 되는 나무가 밤이 되니 10센티미터 정도 작아졌다고도 하네요. 해가 뜨기 한 시간 전 즈음에 나뭇가지들은 다시 위로 펴진답니다.

오소리의 야외 화장실

어둠이 찾아오면 활동하는 동물 중 오소리는 특히 흥미로운 동물이에요. 밤중에 숲에서는 줄지어 지나가는 오소리와 마주치고는 하죠. 오소리는 땅속에 '성'을 짓고 사는데, 이 지하 성은 잔가지같이 뻗어 나간 통로까지 다 합치면 거의 축구장만큼 커요. 오소리를 위한다면 오소리에게서 멀리 떨어져 있는 게 좋아요. 그렇게 해도 오소리의 흔적을 발견할 수 있죠. 오소리는 성을 항상 깨끗하게 유지해요. 그 안에서는 음식도 먹어서는 안 돼요. 화장실은 성 바깥에 따로 파 놓은 구덩이를 이용하죠. 그곳에서만 볼일을 보기 때문에 그 구덩이는 항상 오소리의 배설물로 가득 차 있어요. 그래서 낮 동안에도 숲을 돌아다니다 보면 오소리의 흔적을 찾을 수 있죠.

야생 동물의 길

밤에 숲길을 걸으면서 동물을 만나고 싶다면 두 가지를 잘 지켜야 해요. 첫째, 절대 소리를 내지 말아야 해요. 동물들은 사람의 기척을 듣는 순간 도망가 버리거든요. 둘째, 오솔길처럼 동물들이 많이 지나다닐 만한 장소를 골라 다녀야 해요. 숲길은 사람들에게만 기쁨이 되는 것이 아니에요. 그 길을 걷는 동물들도 즐거움을 느끼죠. 그런데 동물들에겐 자신들만의 길이 따로 있어요. '야생 동물의 길'이라고 하는데, 동물들이 스스로 낸 길이에요. 아마 눈으로 직접 보면 구별할 수 있을 거예요. 야생 동물의 길을 따라가 보면 오소리, 담비, 토끼 같은 작은 포유류를 만날 수 있답니다.

귀로 보는 방법

박쥐는 어둠을 완벽하게 지배하고 살아요. 시력은 아주 좋지 않지만 소리를 이용해서 어디에 무엇이 있는지 정확하게 알 수 있죠. 사람은 듣기 힘든 높은 음의 소리를 내서 그것이 무언가에 부딪혀 되돌아오면 그걸 듣고 아는 거예요. 동굴처럼 빛이 하나도 없는 곳에서 살기에 알맞은 능력이죠. 소리가 금방 돌아오면 근처에 뭔가가 있다는 뜻이에요. 만약 소리가 돌아오는 데 시간이 좀 더 걸리면 물체가 멀리 있다는 뜻이고요. 박쥐는 물건의 모양도 소리로 알 수 있어요. 이런 박쥐의 능력을 배워서 사용하는 기술을 과학자들이 연구하고 있어요. 앞이 하나도 안 보이는 상태로 자전거를 탈 수 있는 데까지 성공했다고 해요.

붉은숲쥐

커다란 귀

위에 그려진 쥐처럼 머리의 다른 부분에 비해 유독 큰 귀를 지니고 있다고 상상해 볼까요. 참 희한한 모습일 거예요, 그렇죠? 하지만 이렇게 큰 귀는 쥐가 얼마나 청력이 좋은지 알려 주는 증거이기도 해요. 쥐는 사람보다 훨씬 많은 것을 들을 수 있답니다. 특히 고음을 잘 듣지요. 근처에 있는 천적의 소리를 듣는 데 쥐의 큰 귀는 무척 유리합니다. 그래서 여우는 쥐를 발견하면 한동안 완전히 숨을 죽이고 있다가 달려들어요. 올빼미는 더욱더 위험해요. 날개 깃털에 난 미세한 솜털이 소리를 흡수하거든요. 그래서 올빼미는 아주 조용히 날 수 있어요. 쥐가 알아차리기 전에 날아와 발톱으로 잡아채 버리죠.

올빼미

빛나는 눈

인간을 비롯한 대부분 포유류의 눈에는 추상세포와 간상세포가 있어요. 추상세포는 물체를 분명하게 보고 색깔을 구별하는 데 쓰이고, 간상세포는 밝음과 어둠을 구별하는 역할을 해요. 야행성 동물들은 주로 간상세포가 발달했답니다. 동물의 눈을 보면 추상세포가 더 발달해 있는지, 간상세포가 더 발달해 있는지 쉽게 구별할 수 있어요. 간상세포가 더 많은 동물의 눈은 빛을 더 잘 반사해요. 어두울 때 그런 동물의 눈에 빛을 비추면 눈에서 빛이 난답니다.

치명적인 아름다움

겨울의 숲은 매혹적입니다. 초록색 나뭇잎 대신 하얀 눈을 볼 수 있지요. 온 세상이 빛나는 하얀 옷을 입은 것만 같아요. 나뭇가지는 쌓인 눈의 무게를 이기지 못하고 축 늘어집니다. 소리는 두터운 눈에 덮이고 묻혀 점점 고요해지죠. 그러다 어느 순간 완전한 침묵에 휩싸여요. 마치 온 자연이 숨을 꾹 참고 있는 듯해요. 우리 귓가에 들리는 건 걸음을 옮길 때마다 뽀드득뽀드득 눈 밟는 소리뿐이에요. 눈 내린 겨울날의 숲은 익숙하면서도 새로워요. 모든 것이 달라지는 마법에 걸린 듯 보이죠.

눈 내린 숲의 이런 동화 같은 풍경을 싫어하는 사람이 있을까요? 하지만 동물들은 겨울의 풍경이 아무리 멋져도 신경 쓰지 않아요. 오로지 먹이를 어떻게 구할지를 고민하고 있을 거예요. 겨울이 되어 눈이 수북하게 쌓이면 음식을 찾기가 어려워지거든요. 더욱이 몸을 따뜻하게 유지해야 하는데 그게 쉽지가 않아요. 여우나 사슴은 두꺼운 털이라도 있지요. 하지만 쥐들은 어쩌죠? 묵은실잠자리는 어떻게 겨울을 날까요? 겨울이 매섭고 혹독할수록 숲은 전쟁터가 돼요. 강하고 건강한 동물들만이 겨울을 건너 봄까지 살아남을 수 있어요.

눈 속의 잠꾸러기들

겨울이 되면 고슴도치는 몇 달 동안 세상과 떨어져 지내요. 아무것도 하지 않고 기나긴 겨울잠에 들거든요. 잠들기 전 몸에 지방을 두둑이 쌓아 두었다가 자는 동안 에너지로 사용한답니다. 박쥐는 겨울에도 성에가 끼지 않는 빈 나무나 동굴을 찾아 들어가서 먹잇감이 되는 다른 동물이 다시 활동할 때까지 머문답니다. 개구리는 두꺼운 진흙 구덩이 속으로 들어가 봄을 기다

숲속에 숨은 생물을 찾았나요?

노루, 사람, 오소리, 비버, 붉은사슴, 쥐, 청설모, 여우, 재때까치, 대륙검은지빠귀, 올빼미, 묵은실잠자리, 서양개암나무

리지요. 개구리는 피부로 숨을 쉬기 때문에 땅속에서도 숨이 막히지 않아요.

어떤 곤충들은 겨울을 날 고민을 할 시간조차 없어요. 겨울이 오기 전에 잠시만 살기 때문이지요. 하지만 봄이 오면 알이 부화해서 그 후손들이 살아남아요. 어떤 벌은 여왕벌만 살아남아 그다음 해에 벌집을 채울 만큼 충분한 알을 낳습니다. 제독나비는 얼어붙지 않는 따뜻한 나라로 이동해요. 마치 철새처럼요.

겨울잠을 자는 곤충들도 있어요. 묵은실잠자리가 그렇죠. 묵은실잠자리의 핏속에는 얼어붙는 걸 막아 주는 성분이 들어 있어서 추위를 견딜 수 있어요. 2월이 되어 날씨가 따뜻해지면 잠에서 깨어나 여름에 그래 왔던 것처럼 훨훨 날아간답니다. 혹시 겨울에 갑자기 나비나 나방을 마주쳐도 놀라지 마세요. 아마 묵은실잠자리와 비슷하게 얼지 않는 피를 가지고 있을 거예요.

생쥐는 겨울잠을 자지 않아요. 그래서 1년 내내 먹을거리를 찾아야 해요. 겨울이 되면 생쥐는 땅속 깊이 굴을 파고 그곳을 지푸라기와 나뭇잎 같은 재료로 채웁니다. 이런 재료는 냉기를 막고 체온을 간직해서 담요를 덮은 것처럼 따뜻하게 해 주지요. 생쥐는 먹이를 찾아 나설 때만 보금자리를 벗어나고, 먹이를 구한 뒤엔 냉큼 편안한 보금자리로 돌아와요. 생쥐 가족들이 서로 껴안고 있으면 확실히 따뜻할 거예요.

어떤 동물들에게는 눈 쌓인 숲이 기회기도 해요. 여우는 눈 속에서 달리는 쥐의 위치를 부스럭거리는 눈 밟는 소리로 정확히 알 수 있어요. 눈으로 된 하얀 담요 때문에 여우는 먹잇감을 볼 수도, 냄새를 맡을 수도 없어요. 하지만 단 한 번의 점프로 여우는 불쌍한 먹잇감 위에 정확히 착지합니다. 눈 위를 모험하는 쥐는 날아다니는 맹금류의 눈에 곧바로 띄고 말죠. 어두운 털빛이 새하얀 눈밭에서 더욱 도드라지거든요. 눈이 더 내리면 눈 속에 몸이 파묻혀 가려지니 쥐에겐 좀 더 안전하려나요?

겨울을 나는 방법

날씨가 궂으면 우리도 겨울잠을 자는 동물처럼 하루 종일 침대에서 뒹굴뒹굴하기만 해도 된다면 얼마나 좋을까요. 하지만 불행하게도 우리는 겨울잠을 자지 않아요. 춥든 비가 내리든 학교와 일터로 가야만 하죠. 물론 사람처럼 1년 내내 활동하는 동물도 있어요. 그런 동물에겐 겨울을 이겨 내는 똑똑한 방법이 있답니다.

겨울잠쥐

겨울잠 말고 겨울 휴식

어떤 동물은 겨울잠을 자고, 어떤 동물은 깨어 있어요. 하지만 그 중간에 있는 동물도 있답니다. 다람쥐는 깊은 겨울잠 대신 일종의 '겨울 휴식'을 취해요. 잘 수 있을 때는 자고, 배가 고파지면 밖에 나가 먹을거리를 구하고, 배가 가득 차면 다시 돌아와 잠들죠. 이런 식으로 다람쥐는 겨울에 간식을 찾아 몇 번은 잠에서 깨어난답니다.

나무의 겨울잠

땅이 얼어붙으면 나무는 물을 조금밖에 빨아들일 수 없어요. 그런데 나뭇잎은 나무 속 수분을 밖으로 내보내죠. 그래서 겨울에 나무들은 사는 데 방해만 되는 잎을 모두 떨어뜨리고 줄기 속 수액의 흐름도 멈춰요. 다시 말해 겨울 동안 나무는 거의 마시지도 않고, 수분도 증발시키지 않아요. 나무도 겨울잠을 자는 거죠. 두껍고 기름진 잎을 가진 나무는 수분을 덜 잃기 때문에 겨울에도 초록을 유지할 수 있어요. 잎이 뾰족하게 생긴 몇몇 침엽수도 마찬가지고요.

몇 시간짜리 겨울잠

겨울잠을 자는 동안 동물들은 움직이지 않아요. 심장은 가장 느리게 뛰고, 체온은 낮아져요. 되도록 에너지를 적게 쓰는 쪽으로 몸을 바꾸는 거예요. 이런 상태를 '토르퍼'라고 해요. 생쥐는 긴 겨울잠을 자는 대신 하루에 몇 시간 정도만 토르퍼 상태로 있으면서 에너지를 아껴요. 대개 새나 작은 포유류 들이 이런 방법으로 겨울을 나죠. 물론 아무것도 먹을 필요가 없을 때는 아주 깊은 잠을 자고요. 그리고 반드시 겨울에만 토르퍼 상태로 있는 건 아니랍니다.

묵은실잠자리

노루의 절전 버튼

노루는 겨울잠을 자지도 않고, 토르퍼 상태에 들지도 않아요. 하지만 이와 비슷한 기술을 사용하죠. 노루는 안전하다고 느끼면 절전 모드에 들어간 컴퓨터처럼 에너지를 적게 쓰는 상태로 있어요. 먹을 것이 적으니까요. 그러다가 위험이 닥치면 곧바로 몸의 스위치를 켜고 움직일 수 있답니다.

제 몸을 먹어 치우기

붉은사슴은 겨울 중 가장 추운 시기가 오면 체온을 1도쯤 낮춰요. 그래서 몸 바깥쪽은 차가워지지만, 몸속은 여전히 따뜻하게 유지됩니다. 그리고 겨울에는 먹을 것을 찾기 어렵기 때문에 붉은사슴을 비롯한 몇몇 동물은 자기 자신을 먹어요. 실제로 먹는 건 아니고요, 따뜻한 계절 동안 몸속에 쌓아 둔 두꺼운 지방을 에너지로 사용하는 거예요. 그래서 겨울이 끝나고 나면 붉은사슴의 몸무게는 몇 킬로그램 줄어 있답니다.

털이 수북한, 더 수북한, 제일 수북한

여러분도 잘 알고 있다시피 두꺼운 코트 또한 온기를 유지하는 데 도움이 돼요. 털이 수북한 여우는 1년 내내 코트를 입고 있는 셈이지요. 여우는 몸집이 고양이보다 조금 더 크지만, 겨울이 되면 털이 훨씬 더 많이 나서 불쑥 커진 것처럼 보여요. 겨울에 여우의 피부에는 1제곱센티미터 넓이에 120C가닥의 털이 자란답니다. 여름이 되면 그의 반 정도로 줄고요. 극지방에 사는 북극여우는 1제곱센티미터당 무려 2만 가닥의 털이 자라기도 해요. 물론 해달에 비하면 그렇게 많은 건 아니에요. 어떤 해달은 1제곱센티미터당 털이 8만 가닥이나 나거든요.

뚱뚱한 꼬리

비버는 주로 꼬리에 지방을 저장해요. 여름에는 꼬리에 지방이 조금만 있지만, 겨울에는 꼬리의 절반가량이 지방으로 채워지죠. 또 비버는 겨울이 오기 전에 식량을 집 가까이에 저장해 둡니다. 꽁꽁 얼어붙은 겨울에도 손쉽게 먹을 것을 얻기 위해서지요. 그렇지 않으면 밖으로 나가야 하거든요. 다행히 비버는 차가운 얼음물에서 15분에서 30분 정도는 거뜬히 수영할 수 있어요. 우리는 생각만 해도 추운데 말이죠! 비버가 혹독한 겨울을 나기 위해 가장 신경 쓰는 건 집에 드나드는 구멍이 없어지지 않게 관리하는 거예요. 그렇지 않으면 따뜻해질 때까지 꼼짝없이 집 안에만 있어야 한답니다.

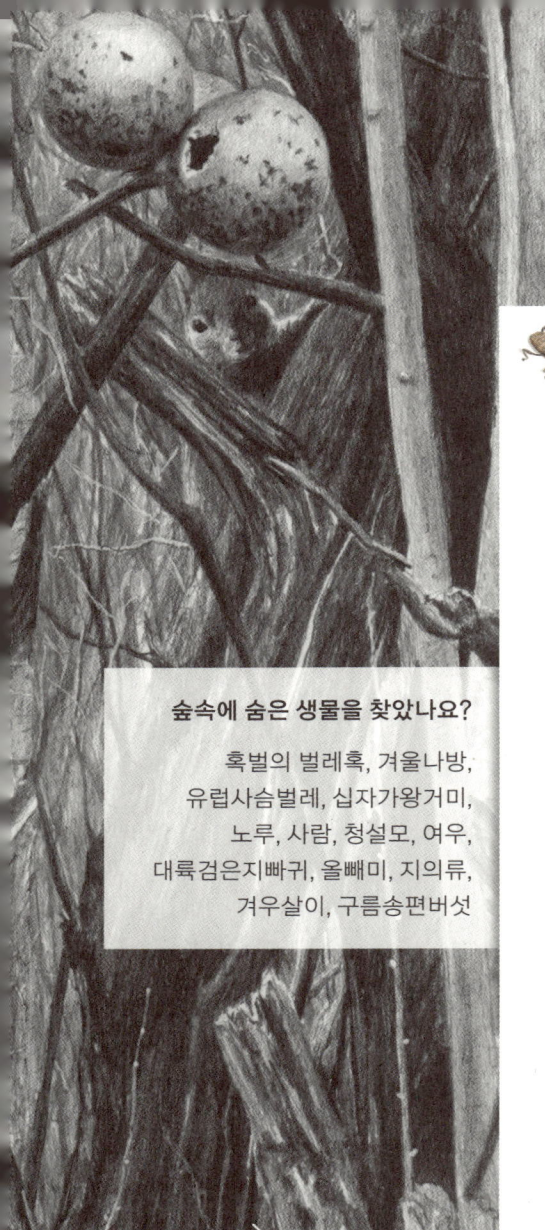

숲속에 숨은 생물을 찾았나요?
혹벌의 벌레혹, 겨울나방, 유럽사슴벌레, 십자가왕거미, 노루, 사람, 청설모, 여우, 대륙검은지빠귀, 올빼미, 지의류, 겨우살이, 구름송편버섯

영원한 순환의 고리

벌거벗은 나무들, 시든 나뭇잎, 마지막 숨을 막 내쉬며 비틀거리는 사슴벌레, 곧 잡아먹힐 검은 새, 메마른 땅 위에 서 있는 거미줄로 뒤덮인 덤불, 그리고 그 사이의 모든 것. 이보다 더 메마를 수는 없을 거예요. 완전히 지친 듯한 숲은 무언가를 할 기운이 하나도 없어 보이네요. 이 메마른 나뭇가지 사이에 또다시 윙윙거리는 소리가 찾아오리라고 믿기 힘들 정도예요.

하지만 숲은 이미 많은 생명으로 가득합니다. 겨울에도 수많은 동물이 여전히 매일 먹을 것을 찾아 떠돌고 있죠. 그리고 어디에나 있지만 사람들이 잘 생각하지는 않는, 눈에 보이지 않는 작은 생명체들도 있어요. 바로 흙 속에 사는 균류와 세균, 곰벌레와 회충 같은 미생물들이에요. 이들은 아주 혹독한 환경에서도 살아남을 수 있는 아주 강인한 생물입니다. 극한의 가뭄이나 매서운 추위도 견뎌 낼 수 있죠.

여러분이 본 앞 쪽의 그림에도 생명의 자취가 가득합니다. 당장 눈에 보이지 않지만 앞으로 나올 동식물도 볼 수 있어요. 그림을 자세히 보면 날고, 기고, 걷고, 퍼덕이고, 소용돌이칠 숲의 약속을 발견할 수 있답니다.

겨울 숲이 없으면 여름 숲도 없다

숲을 초록으로 물들일 나뭇잎과 꽃은 이미 그림 속에 있어요. 작은 단추 같은 겨울눈(잎눈) 속에는 아주 작고 얇은 잎이 담겨 있어요. 시간이 흐르면서 봉오리 속 잎은 점점 두꺼워져요. 슬로 모션 영상 속 로켓처럼 작은 봉오리는 천천히 크기를 키우고, 봄이 오면 아름다운 연둣빛 잎을 틔워 내지요.

왼쪽 위에 구멍이 난 열매 모양의 혹이 보이나요? 이 나무에 살던 벌

은 나무를 배신했어요. 혹벌들이 혹을 만들어 그 속에 알을 낳은 거예요. 이 알은 5월에서 6월 사이에 부화하고, 나무에는 또 다른 새로운 혹들이 달릴 테죠. 겨울에도 숲은 내년 봄을 대비하느라 부지런히 움직입니다.

땅에서는 10년 안에 커다란 나무로 자라게 될 씨앗과 딱딱한 열매에서 싹이 움트고 있어요. 죽은 나뭇가지에 난 작은 구멍은 애벌레의 흔적입니다. 이 애벌레들 또한 몇 년 안에 딱정벌레로 자라나겠지요. 그리고 나무 구석구석에는 알들이 숨겨져 있어요. 그 알에서 나온 유충들은 나비, 벌, 무당벌레로 자랄 거예요. 암여우는 배 속에 태아들을 품고 걸어 다니고 있네요. 새끼 중에 암컷도 있다면, 그 암컷은 태어나기도 전부터 난자를 몸에 품고 있어요. 그 난자로부터 새로운 여우가 태어나겠지요. 자연은 이렇게 항상 몇 발자국 앞서 있어요.

모든 계절은 항상 뒤따르는 다음 계절을 준비한답니다. 봄에 솟은 꽃봉오리는 가을이 되면 씨앗이 되고, 가을에 떨어진 나뭇잎은 봄에 자랄 씨앗의 영양분이 돼요. 나뭇잎은 먹히고 분해되어 다음에 올 생명체들을 위한 완벽한 흙이 됩니다. 겨울 숲이 없다면 여름 숲도 없어요. 거꾸로 해도 마찬가지고요. 한 계절은 다른 계절을 도와줘요.

기묘한 생명체들

식물은 항상 땅속에 뿌리를 박고 있죠, 맞지요? 여러분의 입속에 들어가는 것은 죽게 되고요, 그렇죠? 두 개의 다른 생물이 있다면 그 둘은 완전히 다른 종일까요? 글쎄요……. 항상 그렇지는 않아요. 자연은 예외를 좋아하거든요. 세상에는 규칙을 따르지 않는 기묘한 생명체가 많답니다.

공중에 내린 뿌리

59쪽 오른편 위에 있는 나뭇잎이 보이나요? 이 잎들은 나무에 달려 있지만 이 나무의 잎이 아니에요. 겨우살이라고 하는 특별한 식물이죠. 겨우살이는 땅에 뿌리를 두지 않고 다른 나무의 줄기나 가지에 뿌리를 내린답니다. 겨우살이는 그렇게 다른 나무에서 수액을 빨아들여서 물과 양분을 얻어요. 순 도둑질이죠. 이를 두고 자연의 언어로는 '기생'이라고 해요. 기생은 다른 생물을 죽이지 않고 그 생물에서 그냥 무언가를 가져가는 걸 말해요. 예를 들어 우리 피를 빨아 먹는 모기도 일종의 기생을 하는 거죠.

기생충을 먹는 기생충

혹벌은 기생 곤충이에요. 하지만 좀 다른 방식으로 기생하죠. 혹벌은 나뭇잎에 알을 낳고, 그 나뭇잎에 화학 물질을 주입해요. 이 물질은 알과 그 알에서 깨어날 애벌레를 보호할 스펀지처럼 부드러운 혹을 만들어 내요. 밖에서 보면 그냥 나무의 열매 같아 보이는 이 혹을 '벌레혹'이라고 불러요. 그런데 혹벌이 만든 벌레혹을 먹는 다른 기생 곤충이 있어요. 그리고 혹벌 애벌레를 먹는 기생 곤충도 있죠. 이 동물들은 기생충을 먹는 기생충인 셈이죠.

아버지는 없지만 할아버지는 있어요

겨울 혹벌은 5월에서 6월 사이에 부화하는 알을 낳아요. 재밌는 건 봄에 태어난 이 혹벌은 앞 세대와 완전히 다르게 생겼다는 거예요. 알이 무척 작고 거기서 태어난 혹벌 역시 무척 작지요. 그래서 사람들은 오랫동안 다른 종의 벌이라고 생각했어요. 그런데 겨울에는 오직 암컷만 태어나고, 봄에는 암수 모두 태어난다는 사실이 밝혀졌어요. 5월에서 6월에 부화한 암컷과 수컷이 알을 낳으면 그 알에서는 암컷만 태어나는 거죠. 그 암컷이 알을 낳으면 암수 모두 태어나고요. 그러니 수컷 혹벌은 아버지는 없지만 할아버지는 있게 되는 거예요. 참 신기하죠?

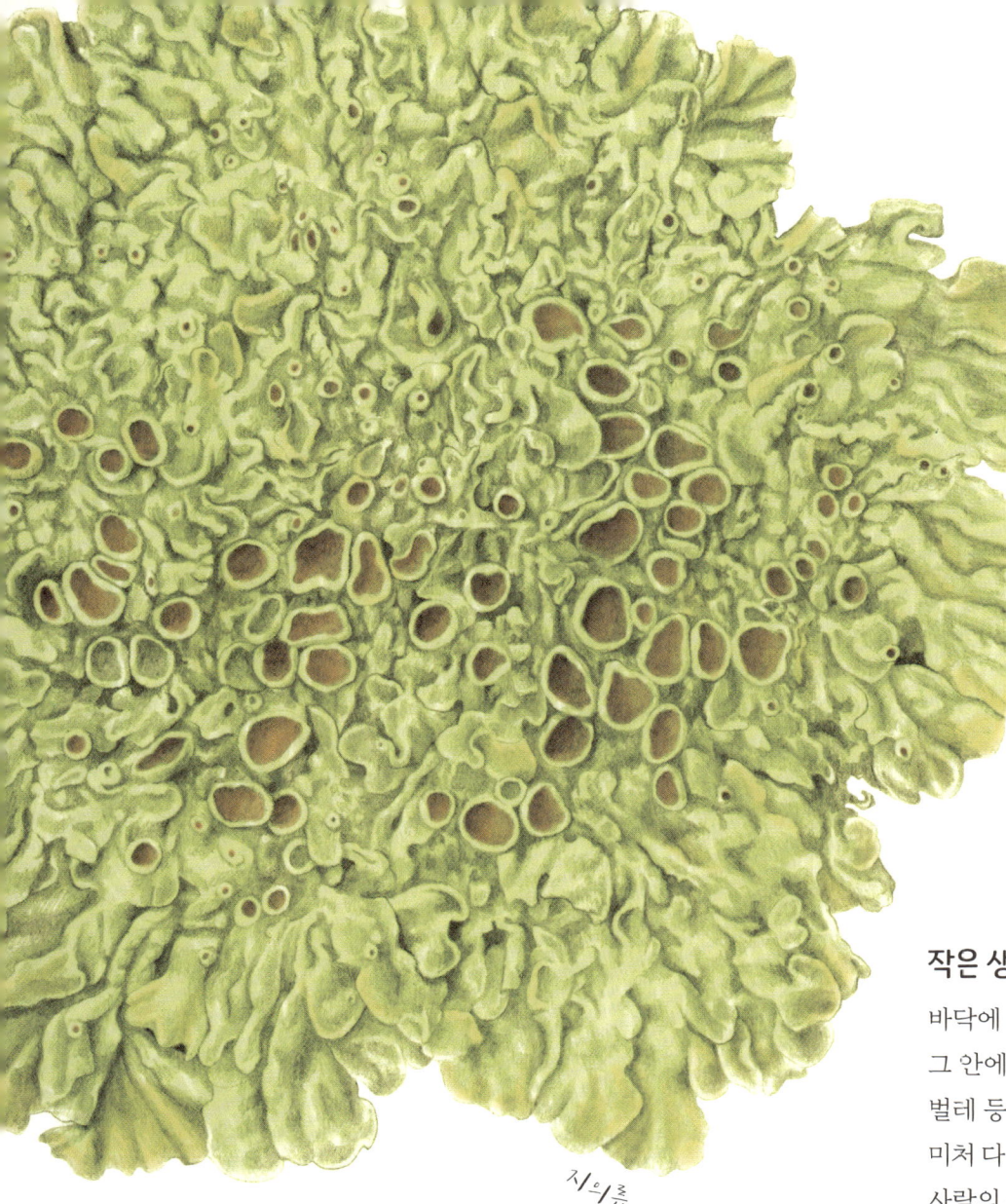
지의류

버섯 + 식물 = ?

기생하는 생물만 있는 건 아니에요. 서로 돕고 사는 생물들도 있답니다. 무언가를 받으면 보답해 주는 거예요. 그렇게 해서 둘 다 이득을 얻을 수 있죠. 그 좋은 예가 바로 이끼를 닮은 지의류예요. 지의류는 하나의 생물처럼 보이지만 사실은 조류(녹조류 또는 남조류)와 균류(곰팡이)가 같이 사는 거예요. 다른 식물과 마찬가지로 조류는 햇빛으로부터 에너지를 얻고(광합성을 하고), 균류는 흙에서 영양분을 얻어요. 지의류는 두 가지 방식으로 먹을거리를 얻을 수 있는 거죠. 두말할 나위 없이 아주 유리한 방법이에요. 그래서 높은 고원 지대나 남극의 메마른 바위 지대, 건조한 사막 같은 극한 환경에서도 지의류를 쉽게 발견할 수 있어요. 물론 우리 근처에 있는 숲에서도 볼 수 있고요.

작은 생명체들의 커다란 역할

바닥에 쌓인 낙엽 아래를 들여다볼까요? 부식토가 있는 그 안에는 더 놀라운 생명체들이 가득해요. 세균, 곰팡이, 벌레 등 셀 수 없이 많은 종이 살고 있지요. 너무 많아서 미처 다 연구하지도 못했어요. 흙 한 숟가락에는 지구에 사는 사람의 수보다 더 많은 세균이 들어 있답니다. 이 특별한 생명체는 서로 잘 어울려 살고 있어요. 서로를 돕거나 잡아먹으면서 어느 한 세균이 홀로 많아지지 않도록 균형을 잡으며 살아간답니다. 가장 중요한 건 이 세균들이 흙을 기름지게 유지해 준다는 사실이죠.

흙 이사하기

오래된 숲속의 부식토에는 영양분이 가득해요. 동물과 식물이 살아가기에 아주 좋지요. 하지만 모든 땅이 기름진 건 아니에요. 예를 들어 오랫동안 공장이 있었거나 가축이 살던 땅은 건강하지 않아요. 그런 땅에 숲을 가꾸고 싶다면 아주 많은 인내심이 필요하지요. 자연스레 땅이 괜찮아질 수도 있지만 시간이 오래 걸려요. 다행히 땅의 기운을 얼른 올려 주는 방법이 있어요. 기름진 흙을 그런 메마른 땅으로 옮기는 거예요. '흙 이사'라고나 할까요. 그렇게 하면 건강한 곰팡이와 세균이 메마른 흙으로 빠르게 자리를 옮겨 곧 새로운 생명체들이 자랄 수 있는 흙으로 변한답니다.

겨울눈이 매달린 나뭇가지

숲에서 놀자!

어떤 사람들은 숲에는 어린이들이 즐길 만한 게 별로 없다고 생각해요. 그래서 그네나 밧줄을 잡고 오르는 구름사다리, 커다란 미끄럼틀 같은 놀이 기구를 설치해 놀이터를 만들죠. 뭐, 어린이들이 자연에서 뛰놀 수만 있다면 그것도 좋은 방법이죠. 이런 곳을 '숲 체험장'이라고 불러요. 이렇게 이름을 붙이니 더 재미있어 보이지 않나요? 또 자연 체험을 주제로 한 애플리케이션이나 게임도 개발되어 있어요. 어린이들이 바깥이 아니라 화면 앞에서 얼마나 많은 시간을 보내는지 생각해 보면 그렇게 놀랄 일은 아니죠.

하지만 숲에서 진짜로 할 수 있는 활동, 또는 숲에서 발견할 수 있는 것들을 떠올린다면 이 모든 게 시시해 보일 거예요. 예를 들어 숲에서는 동물을 만날 수 있어요. 돋보기를 들고 작은 곤충 같은 아주 작은 생물들의 세계를 탐험할 수도 있고, 숲에서 발견한 것을 잔뜩 모아다가 나만의 숲 박물관을 꾸밀 수도 있어요. 쓰러진 나무를 평균대 삼아 놀 수도 있고, 숲에서 만난 동물과 나무와 식물의 사진을 찍을 수도 있어요. 도토리나 밤알을 주워 장난감 모형도 만들 수 있고요. 아니면 세상에서 가장 아름다운 나무집을 지을 수도 있죠. 만약 그러고도 아직 힘이 남았다면 숲 체험장의 놀이터에서 재미있게 뛰어놀아도 좋아요.

자연이 없으면 아무도 살아갈 수 없다

대도시에 살아서 근처에 숲이 없다면 어떻게 하죠? 그렇다면 가상 현실 안경을 쓰고 마치 숲에 간 것처럼 놀 수 있는 애플리케이션을 이용하면 어떨까요? 밖에서 놀 만한 환경이 안 되는 사람들에게 안성맞춤이죠. 하

숲속에 숨은 생물을 찾았나요?
동고비, 까막딱따구리, 꿩, 올빼미, 토끼, 유라시아밭쥐, 사람, 여우, 청설모, 제브라호랑나비, 모래장지뱀, 오리나무

지만 누구나 자기만의 자연 한 조각은 찾아낼 수 있어요. 꼭 공원이 아니어도 돼요. 길가나 공터에서도 자연을 만날 수 있어요.

벌들은 숲속의 꽃만큼이나 옥상과 발코니에 놓인 꽃에도 찾아온답니다. 강가와 하천에서는 백조 무리를 내려다볼 수 있죠. 어떤 기차역에서는 숲에서보다 더 많은 찌르레기를 발견할 수 있어요. 비둘기는 어떤가요? 사실 새들은 산기슭이든 아파트 건물이든 가리지 않아요. 도시에서도 송골매가 공중에서 맴맴 돌며 비둘기를 사냥하는 모습을 볼 수 있죠. 여러분이 고개를 들고 조금만 주의를 기울이면 많은 것을 관찰할 수 있어요.

자연에서 자라나는 것들은 도시에서도 잘 자라요. 대도시에서는 난초과 식물을 심어 둔 화단이 많이 있어요. 숲에서보다 멸종 위기 식물을 더 자주 만날 수도 있지요. 그리고 우리가 집에서 기르는 화분 속 식물에서 나온 씨앗은 길가에 떨어져도 정원에서만큼이나 잘 자란답니다. 도시에서는 야생에서 발견하기 어려운 식물들도 볼 수 있어요. 토마토 조각이나 누군가 뱉은 포도씨, 자전거 바구니에서 빠져나온 피망 같은 것에서 싹이 돋아날 때가 있거든요. 이런 식으로 도시 안에서도 씨앗은 흙을 만나서 싹을 틔워 자라납니다. 아무도 관심 갖지 않는 길가에 난 잡초를 잘 들여다보면 밭에서 자랄 것 같은 채소들이 자라고 있는 모습도 만날 수 있어요.

도시를 더 푸르게 만들기 위해 노력하는 사람들도 있어요. 도시 정원을 꾸미고, 옥상에서 식물을 기르고, 길가에 커다란 화분들을 놓지요. 느리긴 하지만 확실히 도시들은 점점 더 푸르러지고 있어요. 이건 모든 사람에게 좋은 일이에요. 누구도 자연 없이는 살아갈 수 없으니까요.

숲에서 뭐 하고 놀지?

숲은 놀기에 정말 좋은 장소예요. 하지만 우리는 대부분 학교 운동장이나 집에서 놀죠. 숲에서만 할 수 있는 것을 찾아서 논다면 무척 재미있답니다. 숲에서 할 수 있는 건 아주 많아요.

'올빼미 공'을 찾아라

올빼미는 먹이를 한자리에서 먹어 치워요. 말 그대로 한입에 다 삼켜 버리죠. 동물의 뼈, 털, 이빨 등이 한꺼번에 배 속에 들어가면 속이 좋지 않을 거예요. 하지만 올빼미에겐 다 방법이 있어요. 위가 하나 더 있거든요. 첫 번째 위를 지나면서 먹이의 부위 중 몸에 좋지 않은 것들은 공처럼 뭉쳐져요. 올빼미는 그걸 뱉어 내고, 나머지 음식물을 '진짜' 위 속으로 넘겨요. 그래서 올빼미가 사는 곳 주변에서는 올빼미가 만든 공을 발견할 수 있어요(이걸 '펠릿'이라고 부르죠). 그 공을 잘 살펴보면 쥐나 개구리의 두개골 같은 것이 보인답니다.

비버보다 잘할 수 있나요?

사람들은 보통 날씨가 좋을 때에만 외출을 해요. 하지만 숲에서는 그 원칙을 버리는 게 좋을 거예요. 비 오는 날 방수 옷을 입고 나가는 것만으로도 얼마나 재미있는데요. 언덕진 곳 사이를 흐르는 작은 '강'을 발견할 수도 있고, 비가 그친 뒤엔 도랑을 따라 흐르는 개울도 볼 수 있죠. 돌이나 나뭇가지, 모래 같은 것을 집어다가 물줄기를 막는 댐을 만들어 보세요. 비버처럼요! 비버만큼 잘할 수 있나요?

나만의 자연 다큐멘터리 영화 만들기

영상을 찍을 수 있는 카메라나 스마트폰을 가지고 있나요? 없다면 빌려도 돼요. 그걸 가지고 숲으로 가서 나만의 자연 다큐멘터리 영화를 찍는 거예요. 가까이 다가가도 도망가지 않는 작은 동물들을 영상에 담아 보세요. 개미집 같은 것도 좋아요. 개미들이 무얼 하고 있는지, 모든 개미가 다 똑같은 일을 하는지 찍어 보면 재밌을 거예요. 거미줄에 앉아 있는 거미나 거미줄을 만들고 있는 거미도 좋아요. 나무에 새 모이를 놓아 두고, 그곳에 찾아와 먹이를 먹는 새를 찍어도 되겠죠. 숲에는 친구들에게 보여 줄 수 있을 정도로 멋진 다큐멘터리 영상을 찍을 만한 신나는 소재가 차고 넘친답니다.

미술 작품 만들기

숲에 가면 나뭇가지, 돌, 깃털, 견과류, 씨앗, 꽃을 비롯해 미술 재료로 쓸 만한 아름다운 것들을 많이 발견할 수 있어요. 무엇을 어떻게 만들지 마땅한 아이디어가 떠오르지 않는다면 인터넷이나 인스타그램에서 '자연물 공예', '생태 공예' 등을 검색해 보세요. 아주 많은 예시를 발견할 수 있을 거예요. 그것을 참고하여 나만의 미술 작품을 만들어 보세요.

보물찾기

숲속 어디에서든 동물의 흔적을 쉽게 발견할 수 있어요. 부풀어 오른 벌레혹, 나무 구멍 속 씨앗, 발자국, 구덩이, 두개골, 털 뭉치 등 다양한 자취를 발견할 수 있죠. 보물찾기를 하듯 되도록 많은 동물의 흔적을 찾아보세요. 자주 하면 더 쉽게 찾을 수 있게 되고, 그러다 보면 진짜 동물을 만날지도 모르죠. 흔적으로 동물을 찾는 동물 탐정이 되는 거예요!

냄새 추적 놀이

냄새 추적 놀이도 재미있어요. 나뭇잎, 열매, 씨앗과 나무껍질 조각에서 냄새를 수집해 보세요. 모든 식물은 저마다 다른 향을 내요. 어떤 냄새가 제일 마음에 드나요? 침엽수의 나무껍질은 훌륭한 향기를 지니고 있어요. 양치식물들도 그렇고요. 나뭇잎에 약간 상처를 내면 냄새가 더 잘 나요. 세수를 하고 바르는 로션에는 어떤 향이 가장 어울릴까요?

숲속으로!

숲에는 할 게 너무너무 많아서 내가 지금 숲을 산책하고 있다는 사실조차 잊을지도 몰라요. 해 질 녘이나 동틀 무렵처럼 특별한 순간에 숲을 산책해 보세요. 눈이 내리는 날도 좋아요. 가을과 봄의 숲은 특히 아름답지요. 장대비가 쏟아지는 여름날은 또 어떻고요. 게다가 무더운 날에도 숲은 서늘하답니다. 안개 낀 추운 날에는 숲속의 온 나뭇가지가 서리로 뒤덮이지요. 봄날 아침에는 온갖 새가 지저귀고요. 숲을 산책하는 건 언제나 잊지 못할 순간이 될 거예요!

아 맞다! 할 일이 남았지

자, 여러분은 이제 숲에 대한 많은 지식과 그 안에서 벌어지는 거의 모든 것에 대해서 알게 되었어요. 아름다운 숲의 모습을 그리고 싶은 마음이 들지 않나요? 아니면 이 책에 나온 그림들을 찬찬히 다시 봐도 돼요. 그림마다 숨어 있는 다람쥐, 올빼미, 여우 같은 다양한 생물을 전부 다 찾았나요? 어느 그림 속의 여우는 먼 친척이 대신 그려져 있다는 것도 알아차렸나요?

고마워요, 숲!
★ 포유류: 멧돼지, 고양이, 소나무담비, 사람, 노루, 북숲쥐, 여우 ★ 곤충: 쐐기풀나비
★ 새: 멧도요, 동고비, 유럽꾀꼬리, 올빼미 ★ 식물: 아이비, 전호, 쐐기풀

종의 다양성
★ 곤충: 홍개미, 무당벌레, 꽃등에, 봄나방 애벌레, 녹색부전나비, 귀뚜라미, 벌
★ 새: 박새, 올빼미 ★ 포유류: 사람, 개, 청설모 ★ 식물: 잉글리시블루벨

왜 없이 하는 일
★ 곤충: 파리 ★ 새: 어치, 올빼미 ★ 양서류: 두꺼비 ★ 포유류: 멧밭쥐, 청설모
★ 연체동물: 정원달팽이 ★ 식물: 오리나무 열매, 블랙베리
★ 버섯류: 꼬깔갈색눈물버섯, 그물버섯, 말뚝버섯, 광대버섯, 곰보버섯

세상의 지배자
★ 곤충: 집게벌레, 왕풍뎅이, 쇠똥구리, 무늬뾰족날개나방, 무당벌레, 잎벌
★ 곤충이 아닌 절지동물: 쥐며느리, 왕지네 ★ 환형동물 및 연체동물: 지렁이, 달팽이
★ 동물의 흔적: 발자국—여우, 갉아 먹은 흔적이 있는 솔방울—청설모,
펠릿(구토 공)—올빼미 ★ 식물: 쐐기풀, 병꽃풀

초록의 기적

★ **포유류**: 멧돼지, 늑대, 노루, 아메리카너구리(라쿤), 붉은사슴, 소나무담비, 청설모
★ **곤충**: 홀로수염풍뎅이 ★ **새**: 까마귀, 도가머리박새, 동고비, 올빼미

숲속에서 살아남기

★ **포유류**: 청설모, 토끼, 유라시아밭쥐, 두더쥐, 개, 사람 ★ **새**: 참매, 집참새, 까마귀, 올빼미 ★ **곤충**: 쐐기풀나비

자연의 원초적인 힘

★ **곤충**: 황제잠자리, 잠자리 애벌레, 라임혹응애, 홍줄노린재 ★ **물고기**: 브라운송어
★ **새**: 대륙검은지빠귀, 올빼미 ★ **양서류**: 두꺼비, 불도롱뇽, 참개구리 ★ **파충류**: 풀뱀
★ **식물**: 아까시나무

밤은 동물들의 것

★ **새**: 알락딱새, 올빼미 ★ **포유류**: 오소리, 북숲쥐, 숲멧토끼, 노루, 사람, 소나무담비, 박쥐, 고슴도치, 청설모 ★ **양서류**: 두꺼비

치명적인 아름다움

★ **포유류**: 노루, 사람, 오소리, 비버, 붉은사슴, 쥐, 청설모, 여우
★ **새**: 대륙검은지빠구, 재때까치, 올빼미 ★ **곤충**: 묵은실잠자리 ★ **식물**: 서양개암나무

영원한 순환의 고리

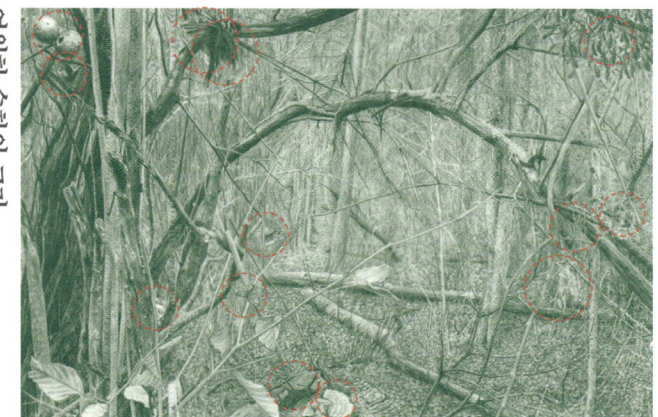

★ **곤충**: 혹벌의 벌레혹, 겨울나방, 유럽사슴벌레 ★ **거미**: 십자가왕거미
★ **포유류**: 노루, 사람, 여우, 청설모 ★ **새**: 대륙검은지빠귀, 올빼미
★ **식물**: 지의류, 겨우살이 ★ **버섯**: 구름송편버섯

숲에서 놀자!

★ **새**: 동고비, 까막딱따구리, 꿩, 올빼미 ★ **포유류**: 토끼, 유라시아밭쥐, 사람, 여우, 청설모 ★ **곤충**: 제브라호랑나비 ★ **파충류**: 모래장지뱀 ★ **식물**: 오리나무

71

감수자의 말

이야기에서 흔히 등장하는 장면이 하나 있다. 숲에서 길을 잃은 주인공이 헤매는 모습, 누구나 한 번쯤은 접했으리라. 깊은 숲속에 우연히 들어가게 되고 나서 수풀 뒤에서 뭐가 나타날지 몰라 그는 한 발 한 발 조심스럽게 전진한다. 때로는 소스라치게 놀라고, 때로는 위안과 안식을 얻기도 한다. 그러다 큰 나무 그루터기에 털썩 주저앉아 고된 몸을 누인다. 밤과 함께 더욱 알 수 없는 신비함이 찾아들고 주인공은 이내 잠들고 만다.

이런 공간으로 늘 숲이 등장하는 것은 결코 우연이 아니다. 그만큼 많은 것을 품고, 생성하고, 표현하는 곳이 없기 때문이다. 진짜 숲에서 시간을 보내 본 사람은 누구나 이를 잘 안다. 생명으로 켜켜이 만들어진 세계가 얼마나 풍요롭게 찬란하고 끊임없이 놀라운지 말이다. 『이토록 경이로운 숲』은 바로 이런 숲에 몸을 담그고 그 경험을 하나씩 들춰 보는 책이다. 호기심과 즐거움, 기대감과 두려움, 그리고 무엇보다 경이로움을 마음속 깊이 품고서.

김산하